Fischland Darß Zingst

Claudia Banck

Inhalt

Das Beste zu Beginn

Darßer Weststrand
Wilder und schöner geht's nicht. Mit unbändiger Kraft formen Wind und Wellen das Land am Meer: Windgeschorene Bäume säumen den feinen Sandstrand, die Steilküste geht über in stille Buchten und sanfte Lagunen.

Auf Gegenkurs
Wanderziele wie der Leuchtturm Darßer Ort am Weststrand oder das Hohe Ufer zwischen Ahrenshoop und Wustrow ziehen die Urlaubermassen an. Doch am frühen Morgen und am Abend ist es hier oft wunderbar still. Und auch das Licht zum Fotografieren ist um diese Zeit am schönsten.

Chillen wie Albert Einstein
»Hier ist es wundervoll, kein Telephon, keine Verpflichtung, absolute Ruhe. Ich liege am Gestade wie ein Krokodil, lasse mich in der Sonne braten, sehe nie eine Zeitung und pfeife auf die sogenannte Welt.« Albert Einstein, 1918 – ohne Medien – tiefenentspannt in Ahrenshoop.

Mut zur Größe
Es weht ein frischer Wind im Land der Backsteingotik und schmucken Kapitänshäuser. Ein puristischer Kubus mit bernsteinroten Glaswänden beherbergt die Tourist-Information in Ribnitz. Das neue Kunstmuseum in Ahrenshoop ist in Baubronze gehüllt, das Max Hünten Haus in Zingst setzt auf Holz und bunte LED-Streifen. Nicht alle, aber viele freuen sich über den baulich markanten Aufbruch in ein neues Zeitalter.

Stille Winkel
»Möge es gelingen, die Neue Straße (in Wustrow) vor einer Asphaltierung zu bewahren, damit ihr Charme nicht irgendwelchen banalen Nützlichkeitserwägungen zum Opfer fällt …« wünscht sich Kristine von Soden in ihrem lesenswerten Buch »Stille Winkel auf Fischland, Darß und Zingst« (2010). Das Buch zu lesen, ist ein kleiner Urlaub für die Seele.

Idylle am Bodden
Wenn an einem sonnigen Wochenende im Sommer die Strände überfüllt sind, die Fahrradwege verstopft, die Autostraßen sowieso – dann steigen Sie doch einfach auf den Wustrower Kirchturm und schauen sich das Fischland in aller Ruhe von oben an, bummeln dann am Bodden entlang nach Barnstorf mit seinen zauberhaften Gehöften, blühenden Stockrosen und uralten Birnbäumen.

Wenn die Kraniche ziehen
Ihr Zwischenstopp im Herbst auf dem Weg in den Süden bietet ein grandioses Naturschauspiel für Vogelfreunde und Fotografen. Es ist ein magischer Moment, wenn die Sonne am Horizont verschwindet und die windstille Boddenlandschaft in mildes Abendlicht taucht. Ein Trompetenruf aus der Ferne kündigt die herannahenden Kraniche an. Kann man nur für die Kraniche Urlaub nehmen? Ja. Wir tun es und genießen die letzten goldenen, sonnenwarmen Tage des Jahres.

Die Ostseewellen
Im Gegensatz zur Nordsee ist die Ostsee immer da. Man steht am Strand und muss nicht auf das Wasser warten, weil gerade Ebbe ist. Ganz egal wann man kommt, es ist immer richtig.

Barfuß flanieren am Strand
Vielleicht finden Sie einen glücksbringenden Hühnergott, einen Bernstein, ein Stück vom Meer abgeschliffenes Glas oder ein von Salz gebleichtes Stück Treibholz. Das sind die schönsten Souvenirs.

Arbeit und Vergnügen – das passt zusammen, wenn ich an einer geführten Tour teilnehme. Einfach nur zuhören, gucken, fragen, nebenbei mit anderen Gästen schnacken und Reisetipps austauschen ...

Fragen? Erfahrungen? Ideen?

Ich freue mich auf Post.

Mein Postfach bei DuMont:
cbanck@dumontreise.de

Das ist Fischland-Darß-Zingst

In einem sanften Bogen erstreckt sich die 50 km lange, stellenweise nur einen 500 m schmale Halbinselkette zwischen Ostsee und Bodden. Ursprünglich waren sowohl der Kern des Fischlands als auch der Darß und der Zingst einzelne Inseln. Erst durch die Schließung der schmalen Flutrinnen im 14. Jh. (Fischland und Darß) und im 19. Jh. (Zingst) wuchsen sie dauerhaft zusammen. Über einen Damm beziehungsweise eine schmale Landenge sind sie mit dem Festland verbunden.
Jede der drei ehemaligen Inseln hat ihren eigenen Charakter und auch ihren eigenen Namen bewahrt, nur durch einen Bindestrich zusammengefügt. Was sie noch vereint, ist die atemberaubende Lage zwischen schilfgesäumtem Ufer und stillen Buchten am Bodden und dem Ostseestrand. Feinsandig, weiß und kilometerlang.

Geschaffen von Wind und Meer

Fischland, Darß und Zingst entstanden nach der letzten Eiszeit. Ihre endgültige Form erhielten sie nach der großen Sturmflut von 1872, in deren Folge die letzten Flutrinnen (durch Versandung, Deich- und Dammbau) zwischen den Inseln geschlossen wurden. Das Land ist nach wie vor im Wandel.
An stürmischen Tagen, wenn die Wellen an das Hohe Ufer des Fischlandes oder den Darßer Weststrand schlagen, kann man regelrecht dabei zusehen, wie das Meer am Land frisst. Unterhöhlte Steilufer, abgestürzte Baumriesen auf dem Strand - blank und bleich geschliffen von Seewasser und Sonne - künden von den Naturgewalten. Wellen und Strömungen tragen den ›erbeuteten‹ Sand gen Norden, wo er sich vor allem am Darßer Ort wieder ablagert und das Land nach Norden in die Ostsee wachsen lässt: über 3 km in den letzten 300 Jahren. Vom über 100 Jahre alten Leuchtturm am Darßer Ort bietet sich ein grandioser Blick auf das Land im Wandel.

Das Fischland

Der westliche Teil der Halbinselkette ist recht klein: nur 5 km lang und zwischen 500 m und 2 km breit. In den ehemaligen Fischerdörfern Wustrow, Althagen und Niehagen lebten Fischer und Seefahrer in rohrgedeckten Katen und Büdnereien.
Die durch Seefahrt und Handel wohlhabend gewordenen Schiffer bauten charmante steinerne Häuser mit Ziegeldächern. Nach protzigen Bauten stand ihnen nicht der Sinn, das ist bis heute so geblieben. Das bitterarme Fischerdorf Ahrenshoop wurde Ende des 19. Jh. von Künstlern für sich entdeckt. Bis heute ist das Ostseebad ein Ort geblieben, der Künstler und Kunstliebhaber anzieht. Ein Publikumsmagnet ist auch das neue Kunstmuseum Ahrenshoop.
Trubel am Meer, Stille am Bodden, die Schriftstellerin Käthe Miethe sinnierte 1949 über das Leben und kleine Auszeiten auf dem Fischland:
»Der Bodden ist uns näher als die See. So kann man manchen Tag seines Lebens damit verbringen, am Osthang seines Gartens zu sitzen und auf

Voll das Klischee? Ja schon. Tut dem Glück, hier zu sein, aber keinen Abbruch.

den Bodden und seine Boote zu schauen ... Man hat einen Tag des stillen Schauens niemals vergebens, niemals sinnlos verbracht. Es kehrt dabei ein Frieden in die Seele ein, der sich in jeglichem Tun segensreich auswirkt.«

Der Darß – wilder Wald am Meer

Sehr viel dünner besiedelt ist der Darß mit dem urwaldähnlichen Darßwald, einer Kernzone des Nationalparks Vorpommersche Boddenlandschaft. An dessem östlichen Rand erstreckt sich das weitläufige, hübsche Seebad Prerow, berühmt für seine atemberaubenden Strände, den Nordstrand und den (wilden!) Weststrand.

Vom Touristenstrom vergleichsweise wenig berührt sind die stillen Boddendörfer Wieck und Born. Eingebettet in Wiesen und Wald bezaubern die Dörfer mit charmanten Häfen, rohrgedeckten Fischerhäusern und farbenfrohen ›Sonnentüren‹.

Der Zingst

Das östlichste und mit einem Alter von etwa 4000 Jahren jüngste Glied der Halbinselkette zieht Naturfotografen von weither an. Das Ostseeheilbad Zingst erstreckt sich zwischen weißem Ostseestrand und dem Hafen am Bodden mit der Vogelinsel Kirr in Sichtweite. Im Osten schließen sich die Sundischen Wiesen an.

Pramort, der östlichste Zipfel der Halbinsel ist der größte Kranichrastplatz Mitteleuropas und das Herzstück des Naturschutzgebiets Vorpommersche Boddenlandschaft. Der größte Nationalpark an der deutschen Ostseeküste erstreckt sich von den Halbinseln Darß und Zingst über Hiddensee bis zur Westküste Rügens.

Fischland-Darß-Zingst in Zahlen

1

Frau wurde als Hexe verurteilt. Tillsche Schellwegen aus Wustrow: Anno 1664 Mayus den 17ten ist sie wegen des Lasters der Hexerei verbrannt worden.

4

Wochen dauert die Hischbrunft im Herbst, zur gleichen Zeit ist Kranichsaison.

7,7

Millionen Euro kostete der Bau des 2013 eröffeten Kunstmuseums Ahrenshoop.

8

Boote nahmen 1965 an der 1. Bodstedter Zeesbootregatta teil, zum 50. Jubiläum waren über 50 Segler am Start.

16

Kilometer nördlich der Halbinsel Darß liegt Baltic 1, der erste deutsche Offshore-Windpark.

60

Kilometer feinste Sandstrände bietet die Halbinselkette für Sonnenanbeter, Burgenbauer und Bernsteinsucher.

30

Jahre hält ein Rohrdach (Reetdach). Das Handwerk der Reetdachdecker ist seit 2014 als immaterielles Kulturerbe eingetragen.

100

Meter misst die schmalste Stelle der gesamten Halbinsel zwischen Prerow Strom und Ostsee.

2490

Gramm Bernstein fand ein Prerower Fischer am 3. Februar 2001 innerhalb einer Stunde am Darßer Weststrand.

130

Vogelarten brüten auf dem Darß, der 1996 zu einem europäischen Vogelschutzgebiet ersten Ranges erklärt wurde.

3000

Einwohner hat Zingst, der größte Ort der Halbinselkette.

60 000

Kraniche rasten im Herbst in der Boddenlandschaft auf ihrem Weg gen Süden. In manchen Jahren sind es sogar bis zu 70 000.

150

Stunden benötigt ein Tischler für eine traditionelle Darßer Tür.

600

Meter wuchs die sandige Spitze des Darßer Ortes in den letzten 30 Jahren ins Meer..

So schmeckt Fischland-Darß-Zingst

Erstklassig, regional und bio, so kann es sein: Zander aus dem Bodden, Wild aus dem Darßer Wald, Bio-Rinder- und Büffelfleisch des Gut Darß sowie fruchtiges Sanddornsorbet. In den Genuss regionaler, feiner Küche kommen Feinschmecker nicht nur während der Kulinarischen Wochen von Mitte Oktober bis November. Denn das ganze Jahr über sind die Köche in Aktion. Und lieben dabei die Kombination süß und sauer.

Ostseeluft macht hungrig
In den Gaststätten galten lange große Portionen mit schön viel Soße und ordentlich Speck als Inbegriff für gutes Essen. Mittlerweile geht es leichter und kreativer zu, aber man muss schon satt werden, finden die Inselbewohner. Viele Gastronomen und Produzenten haben sich der Initiative ländlichfein angeschlossen, die regionale Produkte in Bio-Qualität verarbeitet (www.laendlichfein.de).

De Mäkelbörger un sine Tüffeln
Die Kartoffel alias Tüffel oder Tüften spielt in der mecklenburgischen Küche eine zentrale Rolle. Die Zusammenstellungen der Zutaten sind bisweilen eigenwillig, süß und sauer ist beliebt: mecklenburger Rippenbraten gefüllt mit Trockenobst und Rosinen, Eintopf mit Birnen, Bohnen, Kartoffeln und Speck. Armeleuteessen waren Himmel und Erde (Kartoffeln mit Äpfeln) sowie Tüften un Plum – eine dicke Kartoffelsuppe mit Pflaumen und Speck.

Ein Klassiker auf die Hand
Aus den Räucheröfen der Fischer zieht der Rauch und duftet wunderbar nach Wacholderstrauch- und Buchenholzspänen. An fast jedem Boddenhafen bekommt man geräucherten Fisch und Fischbrötchen, in Althagen ebenso wie in Dierhagen, Wustrow und Zingst. Eine perfekte Mahlzeit für zwischendurch.

Fisch in allen Variationen
Wer an der Küste Urlaub macht, möchte Fisch essen. Kann er auch, Fisch dominiert die Speisekarte. Von Aal bis Zander kommt alles auf den Tisch, was Ostsee und Boddengewässer hergeben: gebraten, gegrillt, gebacken,

KULINARISCHE SCHATZKISTE

Das Kochbuch für Fischland-Darß-Zingst (Katrin & Peter Hoffmann, Stralsund 2013) ist eine Schatzkiste, ein Buch über früher und heute, prall gefüllt mit Familienrezepten, aber auch regionalen Spezialitäten von Spitzenköchen und kleinen Manufakturen. Es ist ein Genuss: das Lesen, das Nachkochen. Anstoß zu diesem Kochbuch lieferte die in Wustrow lebende Adelheid Permin. Sie hat das dicke Rezeptbuch ihrer Schwiegermutter Minna Permin, die Mamsell beim Grafen auf Schloss Hohendorf war, aus dem Sütterlin übertragen und das Ehepaar Hoffmann auf die vielen Rezepte aufmerksam gemacht. Das rechts oben stehende Rezept für Heringssalat stammt zum Beispiel von Opa Bernhard, der als Schiffskoch zur See fuhr. Ob man sich auch am Matjes-Eis versuchen sollte ...? Sehr lecker ist auf alle Fälle Anna Hückstädts Platenkauken, den früher schon die Schnitter bei der Heuernte aufs Feld mitnahmen.

frittiert, gedünstet, gekocht oder traditionell geräuchert. So mancher Wirt wird noch von einem Fischer vor Ort beliefert oder fährt im eigenen Kutter raus. Fragen Sie die Einheimischen, wer (wirklich) frischgefangenen Fisch serviert! Eine regionale Spezialität ist der pfeilförmige Hornfisch, der Anfang Mai zum Laichen an die Ostseeküste kommt. Man isst ihn mitsamt den feinen grünen Gräten. Weil er massenhaft vorkommt, kann er auch leicht selber geangelt werden.

Vergessen Sie den Kaviar

Der wichtigste Ostseefisch ist der Hering, einst eine Art Armeleutefisch. Das Silber des Meeres wird im Frühjahr gefangen und dann frisch gebraten oder geräuchert. Eingelegt kommt er als Brathering oder als Rollmops auf den Tisch. Unwiderstehlich ist er als Tatar, mit Birnen, Bohnen und Speck oder auch an Mango-Chili-Salat. Wie der Hering früher eingelegt und zubereitet wurde, erfährt man Mitte/ Ende April am Heringsdag in dat Museum im Freilichtmuseum Klockenhagen.

Barther Küstenbier

Die einheimischen Biersorten waren schon zu Zeiten der Hanse berühmt. Das Barther Bier wurde bis in die russische Stadt Nowgorod und ins französische Marseille exportiert. Der Feldherr Wallenstein soll bei der Belagerung Anklams im Jahr 1628 eine Ladung Barther Bier angefordert haben. Könnte er heute wieder tun: Seit 2007 wird in Barth nach alter Tradition das Barther Küstenbier gebraut.

So viel kostet in etwa ein Hauptgericht:

€	unter 18 Euro
€€	18 bis 23 Euro
€€€	über 23 Euro

HERINGSSALAT

Ein Klassiker der norddeutschen Küche, auch an heißen Sommertagen:

Zutaten für 2 bis 3 Personen
5 Matjesfilets
3 säuerliche Äpfel
8 Gewürzgurken
1 Zwiebel
1 Orange (oder Pfirsich aus der Dose)
Öl
3 hartgekochte Eier

Zubereitung
Die Matjesfilets fein zerkleinern. Gurken, Äpfel, Zwiebel klein hacken, Apfelsine klein schneiden. Alles mit etwas Öl vermengen und vor dem Servieren die hart gekochten, klein gehackten Eier unterheben.

Die Zitrone des Nordens

Mit seinen ab Ende August lockend orangefarbigen Beeren ist der Sanddorn nicht nur eine wahre Augenweide, sondern auch extrem reich an Vitamin-C. Wer sich vorstellt, mal eben schnell ein Eimerchen zu pflücken, wird sich allerdings wundern. Es ist zeitraubend und mühselig, die Beeren aus den dornigen Ästen herauszupulen. Kenner ziehen dicke Handschuhe an und ›melken‹ Ast für Ast. Wer es einmal probiert hat, weiß die zahlreichen Sanddornspezialitäten zu schätzen, die überall angeboten werden. In der Darßer Manufructur in Wieck werden die sauren Powerfrüchtchen zu köstlichen Konfitüren und Gelees und Likören verarbeitet (www.darsser-manufructur-neu.de, www.ostseemuehle.de).

Fischland-Darß-Zingst-Kompass

#2
Fischland ahoi – **auf dem Kirchturm zu Wustrow**

#3
Wo die alten Katen stehen – **die Neue Straße**

Navigieren mit echtem Horizont

Schifferwiege

#1
Wo Frösche blau machen – **Ribnitzer Großes Moor**

»Uog, uog, uog«

WOMIT FANGE ICH AN?

1 2 3

15 14 13 12

HAUS AM KLIFF

#15
Aussichtsreich – **am Barhöfter Steilufer**

Silbergraue Schönheiten

Das Geheimnis der Nonnen

Könnte hier das Ende der Welt sein?

#14
Wo die Kraniche futtern – **beim Kranorama**

#13
Nonnenstaub erzählt Geschichte – **im Kloster Ribnitz**

#12
Ein weites Land – **durch die Sundischen Wiesen**

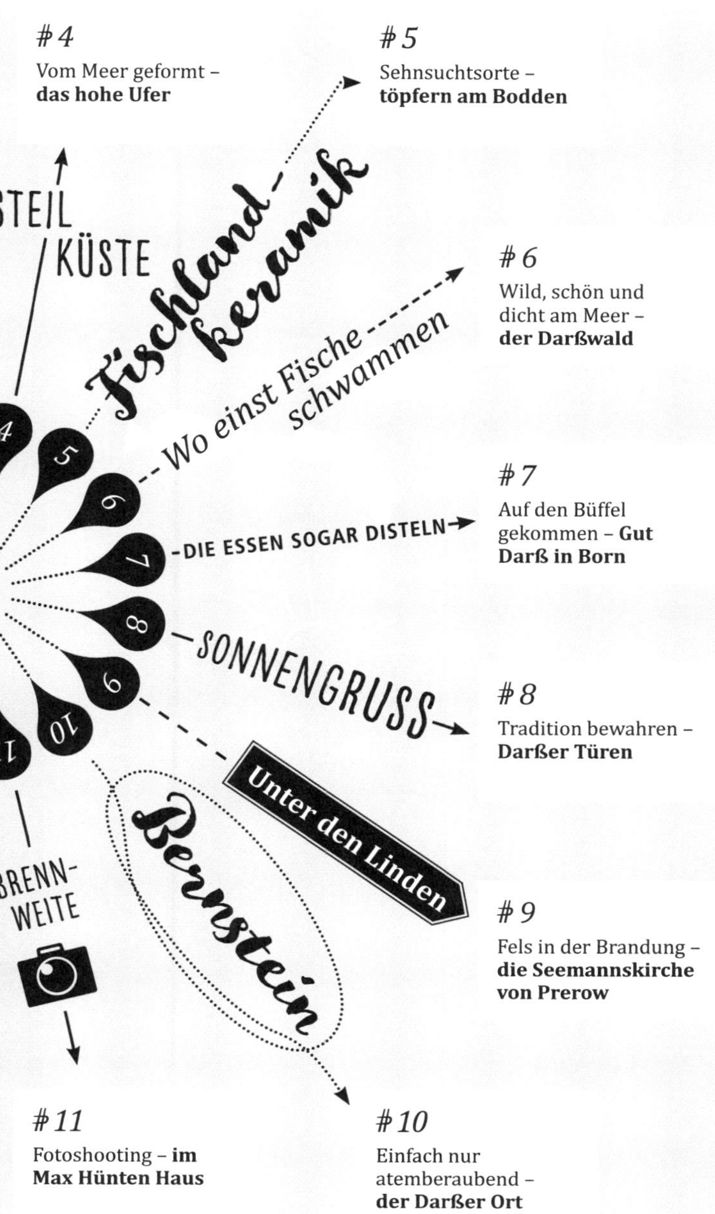

#4

Vom Meer geformt – **das hohe Ufer**

#5

Sehnsuchtsorte – **töpfern am Bodden**

#6

Wild, schön und dicht am Meer – **der Darßwald**

#7

Auf den Büffel gekommen – **Gut Darß in Born**

#8

Tradition bewahren – **Darßer Türen**

#9

Fels in der Brandung – **die Seemannskirche von Prerow**

#11

Fotoshooting – **im Max Hünten Haus**

#10

Einfach nur atemberaubend – **der Darßer Ort**

Das Fischland

Auf der Insel, die damals noch Swante Wustrow – heilige Insel – hieß, lagen die Fischerdörfer Wustrow, Niehagen und Althagen. Sie bildeten den Kern des historischen Fischlands. Heute gehören auch das als Künstlerort berühmt gewordene ehemalige Fischerdorf Ahrenshoop und die Boddendörfer Dierhagen und Dändorf am Eingang zur Halbinselkette dazu. Viele Jahrhunderte lebten hier Fischer und Seefahrer in ihren rohrgedeckten Büdnereien und Katen.

Dierhagen B/C 6

Das Ostseebad (1560 Einw.) erstreckt sich zwischen Bodden und Meer im Vorland der Halbinselkette. Die Bäderstraße (L21) führt mitten hindurch – ohne einen der sechs weit verstreuten Ortsteile direkt zu berühren. Wer sich nicht bewusst für einen Abzweig Richtung Bodden oder Richtung Meer entscheidet, ist schnell vorbeigefahren.

Idylle am Bodden

1311 ist die Siedlung Dierhagen erstmals erwähnt worden. Der Geschichtspfad umfasst 42 historisch bedeutsame Plätze mit Infotafeln in allen sechs Ortsteilen (Begleitheft, erhältlich in der Tourist-Info). Den historischen Kern bilden die alten Fischerorte Dierhagen Dorf und Dändorf. Beide liegen am Saaler Bodden und besaßen in der Blütezeit der Segelfahrt 71 Schiffe. Die Seefahrt ist Geschichte, aber der nette kleine Hafen in Dierhagen Dorf lohnt noch immer einen Stopp zum Surfen, Zeesenboot fahren, Fischessen mit Boddenblick. Fünf Spazierminuten vom Hafen entfernt befindet sich die Dorfkirche von 1850 (der Turm kam erst 1928 dazu). Der Innenraum ist schlicht, ins Auge fällt das Modellschiff ›Fregatte von Dierhagen 1799‹. Es soll aus Dankbarkeit für die Hilfsbereitschaft der Dorfbewohner von Seeleuten gestiftet worden sein, die sich um 1811 im nahen Wald versteckt hielten, um der Zwangsrekrutierung durch die Franzosen zu entgehen.
Der nur etwa 3 km weiter westlich gelegene Dändorfer Hafen, in dem heute auch in der Hochsaison wenig los ist, war einst ein bedeutender Umschlagplatz für Siedesalz (aus Sülze). Die historische Salzstraße führte von der Recknitz kommend über den Bodden nach Dändorf und von dort weiter bis zur Ostsee (bei Neuhaus). Der vermutlich zu Beginn des 19. Jh. vom Hafen bis zum damaligen Dorfanfang gepflasterte Straßenabschnitt steht heute unter Denkmalschutz – zu beiden Seiten Kapitänshäuser und einstöckige Wohnhäuser mit gepflegten Vorgärten. (Tipp: Ausführliche Informationen findet man unter www.dierhagen-doerpverein.de/geschichtspfad). Ganz in der Nähe zeigt das im ehemaligen Feuerwehrgerätehaus untergebrachte Geschichtshaus wechselnde Ausstellungen zur Ortsgeschichte sowie fotografische Ansichten aus der Frühzeit des Ostseebads (Koppelweg 1, Mai–Sept., tagsüber geöffnet), gleich daneben eine Telefonzelle, für Leseratten gefüllt mit Büchern zum Mitnehmen oder Ablegen.

Bereits seit DDR-Zeiten ist der Tourismus der Trumpf der Gemeinde Ostseebad Dierhagen. 90 Prozent der Beschäftigten arbeiten in den Dienstleistungssektoren Handel, Verkehr, Gastgewerbe, Kultur- und Gesundheitseinrichtungen. Und lediglich zwei Prozent als Landwirte und Fischer.

Am Meer

Neuhaus, Dierhagen-Strand und Dierhagen-Ost sind der Ostsee zugewandt. Die Ortsteile wurden viel später besiedelt. Sand, Dünen und Moore boten keine Existenzgrundlage. In Neuhaus gab es im 16. Jh. einen Schäferhof, Dat Niege Hus, der später Niehusen genannt wurde. Der touristische Hauptort ist Dierhagen Strand. Hier findet man die Kurverwaltung mit gut ausgestatteter Tourist-Information im Haus des Gastes. Das als Ferienheim des FDGB erbaute Haus steht heute unter Denkmalschutz. Seit seiner Einweihung im Jahr 1957 trägt es den Namen Ernst Moritz Arndts (1769–1860, der sich gegen die Leibeigenschaft aussprach, wegen antisemitischer Äußerungen

Wechsel von Wolken und Sonne, eine leichte Brise, einfach perfekt. Wohin fahren wir heute?

aber in der Kritik steht. Die größte Attraktion ist der weiße, feinsandige Badestrand.

SCHLAFEN, SCHLEMMEN, SHOPPEN

In fremden Betten

Luxus für Familien mit Kindern
Strandhotel Fischland
Eine große, familienfreundlich geführte Hotelanlage hinter den Dünen mit 58 Zimmern und neun Suiten. Im Hotelpark liegen 55 Apartments sowie 6 Landhausvillen für bis zu 8 Pers. Der großzügige Wellnessbereich mit Schwimmbad wird Fischland-Oase genannt. Es gibt mehrere Restaurants: vom Gourmettempel bis zur einfachen Strandbude.
Ernst-Moritz-Arndt-Str. 6, Dierhagen Strand, T 038226 520, www.strandhotel-fischland.de, DZ, Suiten, FeWo/Haus €€€

Auszeit ohne Kinder
Strandhotel Dünenmeer
Ein geschmackvolles, zuvorkommend geführtes Wellnesshotel der Premiumklasse – fünf Sterne sprechen für sich. Die schönsten Suiten bieten grandiosen Meerblick. In zwei Restaurants (Strandläufer und Kaminlounge) wird regional und kreativ gekocht. Coole Drinks und delikate Snacks auf der Dünenterrasse. Ruhige Umgebung, für den Spabereich inkl. Schwimmbad gilt ein Mindestalter von 16 Jahren, das bedeutet: adults only! Zur Anlage gehören reetgedeckte Dünenapartments und Dünenhäuser, das Restaurant Strandläufer hat eine eigene Patisserie. Nett am Abend: die Kaminlounge.
Birkenallee 20, Dierhagen Neuhaus, T 038226 50 10, www.strandhotel-duenenmeer.de, DZ, Suiten, FeWo/Häuser €€€

Loslassen
Frei wie der Wind
Bemerkenswert ist nicht nur der Name, sondern sind auch die liebevoll zubereiteten Speisen (€€–€€€) sowie die verschiedenen Unterkunftsmöglichkeiten: in hellen, modernen Chalets mit Kamin oder in luxuriösen Zelten, die an afrikanische Lodges erinnern. Nicht zuletzt punkten die Strandnähe und die Möglichkeit zu reiten.
Am Hof 15, Dierhagen, T 038226 53 75 49, www.freiwiederwind.com, Chalets/Zelte €€€

Satt & glücklich

Ein Stern am Ostseehimmel

Die Ostseelounge

Sie finden das Restaurants im vierten Stock des Strandhotels Fischland. Die Lage ist nicht nur zum Sonnenuntergang ein wahrer Traum. Von der Terrasse genießen Sie den weiten Blick über das Meer. Nordische Akzente und originelle Geschmackskombinationen prägen den Küchenstil. Michelin vergibt dafür einen Stern.

Ernst-Moritz-Arndt-Str. 1, Dierhagen Strand, T 038226 520, www.strandhotel-fischland.de/ostseelounge, Di–Sa ab 18.30 Uhr, €€€

Dorsch, Zander, Hering & Co.

Boddenblick

Einfaches, nettes Hafenrestaurant am Bodden. Vor der Haustür legen die Boote an. Immer wieder ein schönes Fotomotiv. Von einem Kutter wird im Sommer geräucherter Fisch verkauft. Fisch dominiert die Speisekarte, keine Haute cuisine, aber schmackhaft und bodenständig zubereitet.

Hafenstr. 13, Dierhagen Dorf, T 038226 801 66, https://gaststaetteboddenblick.jimdo.com/, tgl. 12–20.30 Uhr, €–€€€

Stöbern & entdecken

Versorgung auf der grünen Wiese

Einkaufszentrum Am Fischlandtor

Sehr bequem ist die günstige Lage direkt an der Bäderstraße, an der Kreuzung nach Dierhagen Dorf bzw. Dierhagen Strand. Hier befinden sich auch die Zimmervermittlung (T 038226 55 98 82, www.zimmervermittlung-fischlandtor.de; Vermittlung von Touristenfischerscheinen) und ein großer Supermarkt mit Postfiliale. Es gibt außerdem einen Pavillon mit Fischspezialitäten. Im Café Eiszeit kann man sich ein Päuschen gönnen.

Strandstr. 25–31

Regionale Produkte

Dierhäger Hafenmarkt

Regionale Händler präsentieren Brot- und Backwaren, Obst und Gemüse, Fisch- und Fleischspezialitäten, selbst gemachte Marmeladen und Kunsthandwerk. Für die Lütten gibt es in der Saison eine kleine Bastelstation und einen Spielplatz gleich nebenan. Seit einigen Jahren ist der Hafen ist auch ein romantischer Veranstaltungsort der Konzertreihe Naturklänge (▸ S. 38).

Hafen Dierhagen Dorf, Mai–Sept. Di, Fr 9–14 Uhr

Pfeif' auf die Gourmetküche! Hier sitzt man ganz gemütlich am Hafen mit Blick auf Fischkutter und Fischkisten.

Sport & Aktivitäten

Baden und Surfen

Segelschule Boddenskipper

Am Hafen mit Wasserwanderrastplatz in Dierhagen Dorf befindet sich ein ca. 50 m breiter Boddenstrand, ideal zum Baden mit kleineren Kindern, auch Surfen und Segeln (Anfänger). Ausflüge mit dem Zeesboot Hanne Nüte, Ruder- und Tretbootverleih (Info: Dierhagen Hafen).

T 0170 451 26 71 (Hafenmeister Peter Zobel), www.boddenskipper.de

Reiten

Reiterhof Guido Lange – Gestüt Dierhagen

Familiär geführtes, gastfreundliches Gestüt: Unterricht an der Longe, Kremser- und Kutschfahrten mit Picknick.

Zur Bockwiese 3, Dierhagen Dorf, T 038226 806 79, T 0170 451 26 40, www.reiterhof-lange.de, Okt.–April begleitete Strandausritte, Dauer ca. 2 Std., Termine tgl. n. V.

Infos & Termine

Kurverwaltung Dierhagen: Im Haus des Gastes, Ernst-Moritz-Arndt-Str. 2, 18347 Dierhagen Strand, T 038226 201, www.ostseebad-dierhagen.de, ganzjährig Mo–Sa geöffnet, Hochsaison auch So, Öffnungszeiten s. Website

Historischer Rundgang: Mai–Okt. Do 10 Uhr, Treffpunkt Haus des Gastes. Rund eine Stunde führt Margarethe in Tracht durch Dierhagen.

Tipp für Geschichtsinteressierte: ausführliche und bebilderte Beschreibung der Ortsgeschichte und des Geschichtspfads auf www.ostseebad-dierhagen.de/de/dierhagen/geschichte.

Dierhäger Zeesenboot-Regatta: 3. WE im Juli, Beginn am Fr mit Kinderprogramm, Sa Regatta, abends großer Seglerball

Tonnenabschlagen: 2. WE im Aug., Festplatz. Beginn am Fr mit Party und Höhenfeuerwerk, Sa Handwerkermarkt, das eigentliche Tonnenabschlagen So ab 17 Uhr, anschließend Reiterball

In der Umgebung

Wissenswertes übers Moor

Am südlichen Rand des Fischlands zwischen Graal-Müritz, Neuhaus und Ribnitz erstreckt sich der Ribnitzer Stadtwald mit dem Naturschutzgebiet Großes Ribnitzer Moor. Vom **Schulungs- und Infozentrum Wald und Moor** (🕮 B 7, OT Neuheide) werden ganzjährig naturkundliche Führungen angeboten (▸ S. 20). Die kleine Ausstellung dokumentiert die Entwicklung des Moores vom Toteisloch zum Regenmoor. Schauvitrinen zeigen die Bewohner des Küstenwaldes, Tierpräparate von Dachs, Waschbär und Fuchs (anfassen erlaubt!). Livekameras ermöglichen einen Blick in die Hochzeitssuite der Fledermäuse und die Kinderstube der Blaumeisen.

Ribnitzer Landweg 3, Ribnitz-Damgarten OT Neuheide, T 038206 144 44,www.ribnitz-damgarten.de/infozentrum-wald-und-moor, Mai–Okt. Mi–So 10–16 Uhr, Eintritt frei

Die Schätze unserer Erde

Ein paar Schritte weiter weisen zwei Fliegenpilze den Eingang zum privaten Museum **Naturschatzkammer, Paradiesgarten & Pilzmuseum** (🕮 B 7). Präsentiert werden hier glitzernde Mineralien und farbenprächtige Edelsteine, Bernstein mit seltenen Einschlüssen, Präparate von einheimischen Vögeln und Säugetieren, Schmetterlinge und Insekten, 13 000 Muschel- und Schneckengehäuse mit Sonderschau Perlen, Fossilien aus dem Ostseeraum, die heimische Pilzwelt. In einem Krabbelgang können die Kleinen in die Kinderstube von Erdbaubewohnern schauen. Im Paradiesgarten mit Rosen und Stauden sind im Sommer bei Schönwetter bis zu 2000 Schmetterlinge zu beobachten. Im Museumsshop gibt es Edelsteine, Schmuck, Mineralien und Fossilien aus aller Welt. Faszinierend ist die Sonderschau Opale.

Ritnitzer Landweg 2, OT Neuheide, T 038206 799 21, www.naturschatzkammer.de, tgl. 9–18 Uhr, 6 €

Wo Frösche blau machen – **Ribnitzer Großes Moor**

Sie sind unscheinbar – grau bräunlich und nicht besonders groß. Nur wenige Tage im Frühjahr färben sich die Moorfrosch-Männchen knallblau, um den Weibchen zu gefallen. Ihr Paarungsruf ist ein dumpfes Glucksen – uog uog uog – vergleichbar mit dem Blubbern einer untergetauchten Flasche, aus der Luft entweicht.

Haben Sie die Blaumänner im Ribnitzer Moor verpasst, macht das nichts. Denn am allerschönsten ist der Frühsommer im Moor, wenn sich Wollgräser, gelbe Schwertlilien, Sumpfporst und die zarte Wasserfeder in ihrer ganzen Schönheit präsentieren. Der rundblättrige Sonnentau wächst hier. Preisel- und Heidelbeeren, Rosmarin- und Glockenheide setzen Akzente im Sommer.

Bewirtschaftet – der Stadtforst

Ein günstiger Ausgangspunkt für eine Expedition ins Moor ist das Schulungs- und **Informationszentrum Wald und Moor** 1 in Neuheide (▶ S. 19).

Die erste Stunde der geführten (es geht auch ohne) Wanderung widmet sich dem Küstenwald, dem größten Forstrevier der Bernsteinstadt Ribnitz-Damgarten. Seit 200 Jahren steht im Ribnitzer Wald nachhaltige Forstwirtschaft auf der Tagesordnung, das heißt, es wächst mehr Holz nach als geschlagen wird.

In der ›blauen‹ Saison braucht man ein wenig Glück und gute Ohren.

Der Experimentierfreude früherer Förster zu verdanken sind einige ›Exoten‹. Rechts und links des Weges entdeckt man nicht heimische Bäume wie die Douglasie, Sitkafichte, Amerikanische Küstentanne und Thuja Plicata, den Großen Amerikanischen Lebensbaum. Einige würden sich weiterverbreiten, wenn nicht der Rothirsch die zarten Jungpflanzen abäsen würde. In einem kleinen eingezäunten Areal sieht man ihre Saat dicht an dicht aufgehen, Hunderte, Tausende von kleinen Küstentannenbäumchen auf ein paar Quadratmetern.

Zurück zur Natur – das Moor

Der größte Schatz des Stadtwaldes ist das seit 1939 unter Naturschutz stehende **Ribnitzer Große Moor** 2. Das etwa 6000 Jahre alte und längst entwässerte und durch Torfabbau genutzte Hochmoor wurde renaturiert: Nachdem die Entwässerungsgräben Mitte der 1990er-Jahre geschlossen wurden, ist der Grundwasserspiegel um fast 1 m gestiegen. Kiefern und Birken beginnen seither abzusterben, das Torfmoos hat den Platz genutzt und wieder Fuß gefasst. Jahrhunderte aber wird es dauern, bis das Moor wieder emporgewachsen ist.

Torfmoos bildet pro Jahr nur 0,5–1 mm Torf. Bei einem Torfstich von 2 m dauert es 2000 Jahre, bis der Urzustand wieder hergestellt ist.

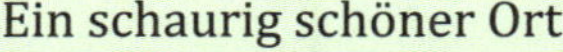

Ein schaurig schöner Ort

Nur zu Fuß geht es weiter ins Naturschutzgebiet. Ein **Exkursionsweg** (ca. 2,5 km) führt am Ufer eines Moorsees entlang. Das für Hochmoore typische Pfeifengras, die Wollgräser und das saftige Grün des Torfmooses wirken wie fester Boden. Doch Vorsicht! An vielen Stellen wurde früher heimlich abgetorft. Die Torfdiebe gruben sich nachts bis zu 3 m tief ins Moor hinein. Wie tief die Löcher sind, kann man erst erahnen, wenn der Wanderführer seinen über 2 m langen Stock locker im Torfstich versinken lässt – schon ist er weg – und erzählt, wie vor seinen Augen einmal ein munter springender Hirsch in einem Moorloch verschwand. Für immer.

INFOS/ÖFFNUNGSZEITEN

Schulungs- und Informationszentrum Wald und Moor 1: Ribnitzer Landweg 3, T 038206 144 44, www.ribnitz-damgarten.de/infozentrum-wald-und-moor, Mai–Okt. Mi–So 10–16 Uhr, Eintritt frei

NATURKUNDLICHE FÜHRUNGEN

Feb.– Okt. Mi 10 Uhr ab Informationszentrum 1, Länge: 7,5 km, Dauer 3 Std., Erw. 10 € (ohne Kurkarte 11 €), Kinder 7–16 J. 5 €

Neuhaus
NSG
Ribnitzer
2
Großes
Moor
MÜRITZ
Stadtforst Ribnitz-Damgarten
Fahrrad-parkplatz
P
Graal
Neuheide
Klein-Müritz
1
Ribnitzer Großes Moor
0
2 km

Faltplan: A/B 7

Wustrow

🕮 C 4/5, Cityplan S. 24

Zwischen Boddenhafen und Ostseeküste erstreckt sich der größte Ort auf dem Fischland. Fischfang und Seefahrt haben die Geschichte des charmanten Ostseebads geprägt, in der Blütezeit waren hier rund 240 Schiffe beheimatet. Heute zieht der Duft von Räucherfisch über den Hafen – ein landestypischer Genuss mit Blick auf Zeesenboote und Ausflugsdampfer.

WAS TUN IN WUSTROW?

Einmal quer durch

Die Fischlandchaussee (Bäderstraße), die am südlichen Ortseingang Kuhleger heißt und in Höhe der Kirche in die Ernst-Thälmann-Straße übergeht, teilt den traditionsreichen Kirchort: Zum Meer hin erstreckt sich das trubelige Seebad mit der Seebrücke, das Fischerdorfflair findet man am Boddenhafen. Doch auch wer einfach nur durch den Ort fährt und nicht Richtung Hafen oder Meer abbiegt, passiert einige geschichtsträchtige Bauwerke. Am südlichen Ortsrand zweigt linker Hand die Straße zur **Seefahrtsschule** 1 ab, die fast 150 Jahre lang das Leben der Dorfbewohner prägte und ab 2018 zur Ferienwohnanlage Zwei Wasser – Alte Seefahrtschule umgebaut wurde. In der Ortsmitte oberhalb des Hafens erhebt sich die stattliche **Kirche** 2. Die Bäderstraße führt weiter am **Haus des Gastes** 3 im ehemaligen Kaiserlichen Postamt vorbei, passiert linker Hand den Abzweig zum Strand (Strandstraße) und rechter Hand, am Ortsausgang, den Abzweig zum **Friedhof** 4 (Friedhofsweg). Die Häuser zu beiden Seiten der Bäderstraße ergeben kein einheitliches architektonisches Bild. Gebaut wurden sie nach dem verheerenden Brand im Jahr 1869, dem ein Großteil der rohrgedeckten Bauernhöfe des Dorfes zum Opfer fiel.

Die Kirche am Hafen

Die Lage der **Kirche** 2 auf einem hohen, künstlich aufgeworfenen Hügel oberhalb des Hafens ist großartig. Hier soll in slawischer Zeit ein Tempel für die viergesichtige Gottheit Swantevit gestanden haben. In den 1860er-Jahren mussten die Wustrower ihre alte, 1385 erstmals erwähnte Feldsteinkirche wegen Baufälligkeit abreißen und durch einen neogotischen Neubau ersetzen, der 1873 geweiht wurde. (In die Bauzeit fiel nicht nur der große Brand von 1869, sondern auch die verheerende Sturmflut von 1872.) Der

Ein Laufsteg aufs Meer, ein Strandkorb im Sand …

Entwurf der Kirche, ein für die Region typischer Backsteinbau mit einem kreuzförmigen Grundriss, stammt von Theodor Krüger. Prachtvolle Modellschiffe prägen den Innenraum der Kirche, um 1855 entstand das Klipperschiff namens Hoffnung. Über der Nordempore hängt das Schiff Deo Gloria (Zur Ehre Gottes) mit der Jahreszahl 1860. Das Schiff über der Südempore, Christiana, baute der Dierhäger Fischer Emil Otto (†1970). Auch das Altarbild greift das Thema der Seefahrt auf. Es zeigt die Rettung des sinkenden Petrus durch Jesus. Ein Highlight im wahrsten Sinne ist die Aussicht vom Kirchturm (▶ S. 26).

Hafenstraße, in der Saison tgl. Mo–Fr 10–17 Uhr, besonders empfehlenswert sind die Sommerkonzerte in der Wustrower Kirche (Juni–Sept. Fr, unregelmäßig auch Di)

In den Dünen am Deich südlich von Wustrow liegt die von Künstlern der Region geschaffene Skulpturengruppe **Das Tor zum Jahr 2000** 5. Erreichbar ist es nur zu Fuß oder mit dem Fahrrad, denn der nächste und dabei gebührenpflichtige Parkplatz befindet sich bei der Surfschule. Von dort sind es auf dem Deich dann nur noch ein paar hundert Meter. Zurück geht es am Strand entlang. Insgesamt ein sehr netter, mit kleinem Picknick am Strand maximal halbstündiger Spaziergang.

Zur Seebrücke bummeln

Die Strandstraße zweigt von der Bäderstraße (Ernst-Thälmann-Straße) ab und führt geradewegs auf die Seebrücke zu. In diesem Viertel ließen sich die durch die Segelschifffahrt zu Wohlstand gekommenen Schiffer und Steuerleute nieder. In den Seitenstraßen entdeckt man viele schön erhaltene Schifferhäuser. Kurz vor der Seebrücke passiert man den **historischen Rettungsschuppen** 6 der DGzRS von 1812, neben dem ein altes Seenotrettungsboot auf Rädern stationiert ist. Heldenmut und viel Erfahrung brauchte es, um diese Nussschale im Falle eines Schiffsunglücks in die furiose Brandung zu manövrieren und Menschenleben zu retten. Die Anfang der 1990er-Jahre erbaute, 240 m lange Seebrücke führt einfach und schlicht aufs Meer hinaus. Schiffe legen hier – wie auch in Prerow und Zingst – nur selten an, Ausgangspunkt für einen Schiffsausflug oder einen Törn mit dem Zeesenboot ist der Hafen am Bodden.

Spaziergang nach Barnstorf

Eine zauberhafte, etwa 20-minütige Wanderung führt vom Hafen in den auf einer Halbinsel im Bodden gelegenen Ortsteil. Hier stehen die schönsten Bauerngehöfte des Fischlandes, schwärmte schon Käthe Miethe. Die vier Hufen (Hofstellen), rohrgedeckte Fachwerkhäuser aus der ersten Hälfte des 18. Jh., haben von ihrem Charme bis heute nichts eingebüßt: hinter den Gehöften der freie Blick über den Bodden, vor den Häusern die Bauerngärten mit üppiger Blumenpracht, aber auch Reihen mit Bohnen, Kartoffeln und Salat. Hier möchte man bleiben: Tisch und Stühle unter einem knorrigen Obstbaum, gestapeltes Feuerholz für ungemütliche Tage. Die **Kunstscheune** 7 des denkmalgeschützten Ensembles der Barnstorfer Hufe IV bietet bereits seit 1985 den stilvollen Rahmen für wechselnde Ausstellungen von Malern, Bildhauern, Keramikern und Schmuckgestaltern überwiegend aus dem norddeutschen Raum.

Hufe IV, T 038220 2 01, www.kunstscheune-barnstorf.de, in der Saison tgl. 10–13, 15–18 Uhr, Ostern und Weihachten geöffnet

Weiter am Bodden

Am Ende der Straße laden eine Bank unter einem uralten Birnbaum und ein kleiner Strand mit Picknicktisch zur Rast ein. Einst lag hier der Ankerplatz der Wustrower Zeesen. Wer nicht umkehren mag, kann auf schmalem

WUSTROW

Sehenswert
1 Ehemalige Seefahrtsschule
2 Kirche
3 Haus des Gastes
4 Friedhof
5 Das Tor zum Jahr 2000
6 Historischer Rettungsschuppen
7 Barnstorfer Hufe IV/ Kunstscheune
8 Fischlandhaus

In fremden Betten
1 Die Schifferwiege
2 Hotelschiff Stinne
3 Hof Zeesenblick (Hufe II)
4 Scheune Peters (Hufe III)

Satt & glücklich
1 Schimmel's
2 Schifferwiege
3 Kapitänshaus Am Unterufer
4 Reise Reise

Stöbern & entdecken
1 Bücherstube
2 Rosine by Schimmels

Sport & Aktivitäten
1 Zeesboote, Boddenkieker
2 Surfcenter
3 Fischländer Segelschule

Pfad Richtung Wieck weiter am Bodden entlangwandern oder auch einfach mal einen Schlenker durch die Wiesen zum Friedhof machen.

Der Friedhof

Von der Kirche führt die Neue Straße direkt zum **Fischländer Friedhof** 4, der 1832 am nordöstlichen Ortsrand eingerichtet wurde, weil es auf dem Kirchhügel keinen Platz mehr für Bestattungen gab. 1859 erhielt der Friedhof rundherum eine Feldsteinmauer, 1861 wurde die Kapelle erbaut. Einige bekannte Künstler, darunter Fritz Koch-Gotha, Dora Koch-Stetter und Hedwig Woermann sind hier begraben. An die Schriftstellerin und Fischlandchronistin Käthe Miethe erinnert ein schlichter Findling. Die Lage der

Gräber ist auf einem Übersichtsplan vor Ort vermerkt. Prunkvolle Steine fehlen und doch lohnt ein Besuch – allein schon wegen der freien Aussicht – hinaus über die Felder von Barnstorf und den Bodden. Der Friedhof ist frei zugänglich. Lesetipp: Ulla Freitag, Der Fischländer Friedhof. Mit Friedhofsplan, erhältlich in der Kurverwaltung und auch im Buchhandel.

Fischlandhaus

Nur wenige Schritte südlich des Friedhofs liegt das **Fischlandhaus** 8 (► S. 31), ein mehr als 200 Jahre altes, aufwändig saniertes Hochdielenhaus. In der Bibliothek kann man sich in eines der Werke von Käthe Miethe vertiefen. In den Galerieräumen finden jährlich wechselnde Ausstellungen in Zusammenarbeit mit dem Kunstmu-

Fischland ahoi – **auf dem Kirchturm zu Wustrow**

Aus allen vier Himmelsrichtungen – vom Wasser und vom Lande aus – ist der Kirchturm von Wustrow schon von Weitem zu sehen. Sonne? Regen? Ganz egal: Vom offenen Umgang des Turms bietet sich die schönste Aussicht über das Fischland.

Kurz vor Wustrow spürt man das Meer, linker Hand der Hinweis auf die **Surfschule** ❸ und zur Rechten die schilfreiche Bucht des Permin – nur durch die Straße, den Deich und Dünenstrand von der Ostsee getrennt. Hier beginnt das eigentliche Fischland, kaum 500 m liegen zwischen Ostsee und Bodden. Ursprünglich verband der Permin die Ostsee mit dem Saaler Bodden. Der Zugang zum offenen Meer ermöglichte den Wustrowern, ebenso wie den Ribnitzern und Barthern, ihre Produkte an Getreide und Fisch selber zu vermarkten. In kleinen offenen Booten schipperten sie an der Küste lang nach Lübeck, Kiel oder Kopenhagen.

Die Gier der Großen

Obwohl die einheimischen Bauern und Fischer nur ihre bescheidenen Landeserzeugnisse verfrachteten, fürchteten die Hansestädte um ihre Privilegien und bekämpften die Bauernschifffahrt und Klipphäfen – so nannte man Häfen wie Wustrow und Ahrenshoop, die keine Stadtrechte und Handelsprivilegien besaßen. Im Permin wurden kurzerhand drei Schiffe versenkt und so die ohnehin drohende Versandung des Seegatts beschleunigt. Der offene Zugang zur Ostsee war damit Geschichte, die Seefahrt aber bestimmte weiterhin den Alltag.

Auf dem Fischland zählten viele Jahrhunderte nur die See und die Seefahrt. Nach der Konfirmation fragte man nicht: Was willst du werden? Man fragte: Wer nimmt dich mit? Mit Jungen, die nicht zur See fahren wollten, spielte man nicht – erzählt **Käthe Miethe** (Fischland).

Vom Fischland in die Welt

Die Fischländer waren hochgeschätzte, gut ausgebildete Seeleute – von den im Jahre 1860 in Rostock registrierten 335 Kapitänen kamen 219 vom Fischland. Alte, erfahrene Schiffer gaben

Das Markenzeichen der Kirche zu Wustrow: bodenständiger Backstein, hoher Turm

ihre nautischen Kenntnisse an die Jungen weiter. 1846 wurde die Großherzoglich-Mecklenburgische Navigationsschule in Wustrow gegründet – die erste Seefahrtsschule im deutschsprachigen Raum. Ein grandioses Hilfsmittel während der Ausbildung war der **Kirchturm** 2 auf dem alten Tempelberg, dessen begehbarer Umgang in luftiger Höhe den Schülern die Möglichkeit bot, das Navigieren mit echtem Horizont zu üben.

Der Blick von oben

Die schmale Wendeltreppe führt hinauf auf den Turm. Am nördlichen Ortseingang kann man den riesigen Gebäudekomplex der ehemaligen **Seefahrtsschule** 1 ausmachen. Sie schloss 1992. Nach jahrzehntelangem Leerstand entstanden dort Ferienapartments (www.zwei-wasser.de). Mit dem Kulturpfad setzten die Anwohner vielen Persönlichkeiten aus dem Umfeld der Schule ein Denkmal. Der Blick schweift hinüber über die Permin-Bucht und das offene Meer. So wie es einst die angehenden Steuermänner und Kapitäne zu Lehrzwecken machten, die später in alle Weltmeere fuhren. Aber natürlich konnte und kann man hier oben auch einfach nur die schönste aller Aussichten über das Fischland genießen.

INFOS/ÖFFNUNGSZEITEN

Kirchturm 2: Der Turm ist unabhängig von der Kirche zugänglich: Di–Sa 11–16, So 12–16 Uhr, Spende erwünscht: Erw. 1 €, Kinder 0,50 €. Sommerkonzerte in der Fischländer Kirche: Di und Fr 20 Uhr, Termine s. Veranstaltungskalender

▶ LESESTOFF

Das Fischland. Ein Heimatbuch: Käthe Miethe. 1949 erschienen, seither immer wieder neu aufgelegt, absolut lesenswert

Faltplan: C 4/5 | Cityplan S. 24

seum Ahrenshoop statt, dazu gibt es Konzerte und Lesungen.
Neue Str. 38, T 038220 804 65, Mo/Di 10–12, 14–17 Uhr, Do 10–12, 14–18 Uhr

SCHLAFEN, SCHLEMMEN, SHOPPEN

In fremden Betten

Eine Reise wert
Hotelschiff Stinne 2
Eine Unterkunft mit viel Flair: Der dänische Zweimastschoner mit dem Namen Stinne strandete bei einem Sturm im Februar 1965 vor der Küste. Die sechs Doppelkabinen sind einfach aber freundlich eingerichtet, haben ein kleines Bad mit Dusche. Die Kapitänskajüte verfügt über einen Wohn- und einen Schlafraum. Der Service ist wohltuend persönlich, die hauseigene Küche ist auch für Außerschiffgäste zu empfehlen.
Kuhleger 13, T 038220 336, www.hotelschiff-stinne.de, DZ €

Gut gebettet am Bodden
Hof Zeesenblick 3
Der auf dem Grundstück einer alten Scheune 1995 neu erbaute Hof Zeesenblick bietet sechs Ferienwohnungen (für 4 Pers.), Sauna, Liegewiese und sogar einen eigenen kleinen Boddenhafen.
Barnstorf Hufe II, T 038330 60 30, www.meinostseetraumurlaub.de, FeWo €€€

Mit direktem Zugang zum Wasser
Scheune Peters 4
In einer liebevoll sanierten Hofscheune (neben dem Hof Zeesenblick) werden fünf Wohnungen vermietet. Die im Erdgeschoss haben Platz für 2 Pers., Zugang zur gemütlichen Kamindiele und zu einer Terrasse. Die FeWos im Obergeschoss bieten Platz für 3–4 Pers. und den Blick über den Bodden. Idyllische Sitzplätze im Garten und am Wasser. Auch eine Sauna ist vorhanden.
Barnstorf Hufe III, T 038330 803 54, www.scheune-peters.de, FeWo €–€€

DIE SCHIFFERWIEGE

Am Eingang zur Neuen Straße steht eines der ältesten erhaltenen und meistfotografierten Fischlandhäuser, erbaut gegen Ende des 17. Jh., rohrgedeckt mit Krüppelwalmdach. Zu seinen Bewohnern gehörten im Verlauf der Geschichte die Hebamme des Dorfes sowie auch der Schriftsteller Carl von Bremen, der 1935 den Roman **Die Schifferwiege** veröffentlichte. Wer mag, kann hier wohnen: Ferienwohnung über zwei Etagen für 2–6 Pers., kleine geschützte Terrasse im Garten, Sonne bis nachmittags. (**Schifferwiege** 1, Ernst-Thälmann-Str. 2, T 38220 8 25 35, www.die-schifferwiege.de, FeWo €€€).

Satt & glücklich

Genießen im Dorf
Schimmel's 1
Eine schöne Adresse schräg gegenüber vom ehemaligen Postamt (Haus des Gastes). Das Ambiente ist angenehm, die Gastgeber sind freundlich und unkompliziert. Auf der Karte stehen selbstgebackene Kuchen, regionale Landhausgerichte wie Zanderfilet auf marinierter Rote Bete und Rehkeule mit Preiselbeerjus, dazu gute Weine. Vermietet werden auch drei geschmackvoll eingerichtete Zimmer mit Wohn- und Schlafbereich.
Parkstr. 1, T 038220 665 00, www.schimmels.de, Mo–Mi ab 14, Fr ab 18, Sa/So ab 12 Uhr, €€–€€€, DZ €–€€

Fisch aus heimischen Gewässern
Schifferwiege 2
Nicht zu verwechseln mit der Schifferwiege am Eingang zur Neuen Straße. Ein traditionsreiches, gemütliches Restaurant. Außer vorzüglichem Fisch findet man auch Steaks vom Lavasteingrill, vegetarische und Mecklenburger Gerichte auf der Speisekarte.

Die See sorgt für die Köstlichkeiten. Auch wenn mal keiner so schnell anbeißt.

Zur ruhigen Gartenseite hin werden Zimmer und Apartments vermietet.
Karl-Marx-Str. 30, T 038220 803 36, www.pension-schifferwiege.de, Do–Di 12–22 Uhr, im WInter Betriebsferien, €€–€€€, DZ €€

Maritim
Kapitänshaus Am Unterfeuer 3

Schöne Lage am Wasser, im Sommer sitzt man draußen mit Blick auf die Zeesenboote im Hafen, doch auch drinnen ist es gemütlich. Fisch dominiert die Karte, alles ist lecker und ansprechend zubereitet, auch der Kuchen ist zu empfehlen.
Hafenstr. 8, T 038220 809 80, tgl. 12–22 Uhr, €€–€€€

Ein Lieblingsort
Hofcafé Reise Reise 4

Mal raus aus dem Trubel und sich eine kleine Auszeit nehmen – hier sind alle willkommen. Serviert werden selbst gebackene Kuchen, Suppen und kleine Snacks im lauschigen Garten oder im gemütlichen Drinnen – Vieles liebenswert, handgemacht und individuell. Mit kostenlosem Internetzugang.
Ernst-Thälmann-Str. 22, T 038220 821 37, www.reisereise-wustrow.de, 12–18 Uhr (je nach Saison ein oder mehrere Ruhetage), €

Stöbern & entdecken

Schmökern
Bücherstube Fischland 1

Ostseekrimis und internationale Bestseller, Schmöker für ungemütliche Regen- und sonnige Strandtage, Schreib- und Künstlerbedarf. Einfach mal reinschauen!
Ernst-Thälmann-Str. 10, T 038220 407, in der Saison Mo–Fr 8–18, Sa 9–13, sonst reduziert, zuletzt Mo–Fr 9–12, 17–18, Sa 9–12 Uhr

Feines für Tisch und Tafel
Rosine by Schimmels 2

Etwas versteckt am hinteren Ende der Hauptflaniermeile. Hier findet man Geschenke für die, die schon alles haben. Und eine kleine, köstliche Auswahl kulinarischer Delikatessen wie Schokolade und auch diverse Gewürze, Käsesorten, Schinken, Oliven und Spirituosen aus dem fernen Spanien und Italien. Es ist ein Genuss, auf der kleinen Terrasse hinter dem Haus zu sitzen, in den Küstenwald zu blicken (welch eine Ruhe so nah an der trubeligen Promenade!) und ein Glas Wein und eine individuell zusammengestellte Schlemmerplatte zu genießen.
Strandstr. 31, T 038220 665 00, Hauptsaison Mo–Sa 10–18 Uhr, Nebensaison nur bis17 Uhr

Wo die alten Katen stehen – **die Neue Straße**

Vom Hafen sind es nur ein paar Schritte bis zur Neuen Straße, die gegenüber der Kirche beginnt und in nordöstlicher Richtung bis zum Friedhof verläuft. Rohrgedeckte Katen und Büdnereien säumen den sandigen Weg. 2016 wurde ein erster Abschnitt gepflastert – mittlerweile ist nur noch ein kleiner altmodischer Rest unbefestigt.

Die bildhübsche **Schifferwiege** (► S. 28) am Eingang zur Neuen Straße ist das wohl meist fotografierte Wustrower Haus, wird aber der Ernst-Thälmann-Straße zugerechnet. Gleich um die Ecke, am Eingang zur Neuen Straße, liegt die **Büdnerei Nr. 1** mit tief herabgezogenem Kröpelwalmdach. Neben der Hausnummer entdeckt man noch die verwitterte alte Bezeichnung B 174 (das B stand für eine Büdnerei – also eine kleine Bauernstelle). Nicht herausgeputzt und etwas zurückgesetzt übersieht man sie leicht. Aber es lohnt sich genauer hinzusehen: Die um 1800 gefertigte Tür gilt als die älteste originale Fischlandtür. Sie wirkt, als könnte sie einen Anstrich gebrauchen, und man muss schon genau hinschauen, um das filigrane Schnitzwerk würdigen

Platz zum Klönen: Diese Bank hier könnte ganze Bücher mit Geschichten füllen.

zu können, das ohne bunte Farben auskommt – eine stille, authentische Altersschönheit.

Ein Platz an der Sonne

Wie die Stufen einer Treppe schieben sich die Häuser eins hinter das andere, »als wollte jedes dem Nachbarn auch einen Platz an der Sonne lassen« (Käthe Miethe). Dieser Abschnitt der Neuen Straße hieß ursprünglich Treppenstraat. Hier wohnten Seeleute und Handwerker. Der Kolonialwarenladen im **Haus Nummer 11** (gegenüber der Einmündung der Fritz-Reuter-Straße) führte alles, was man brauchte: Lebensmittel, Tabak, Peitschenschnüre, Wagenfett und Reiseandenken. In der linken Haushälfte gab es Kümmel und Bier. Im **Krug Zum Grünen Kranze** schaute auch die Fischlandchronistin Käthe Miethe gerne auf einen Schnack und einen Schluck herein (sie konnte ein'n gooden Stäwel verdrägen).

Katzenköpfe

Zu den typischen Baumaterialien gehörten Katzenkopfsteine, die auf den umliegenden Äckern gesammelt und in vielen Arbeitsstunden zu Wegen verarbeitet wurden. Zu der **Büdnerei Nummer 34** (an der Ecke Hermann-Löns-Weg) führt so ein Weg aus Katzenkopfsteinen. Vor gut 90 Jahren befand sich in dem Haus eine Schneiderwerkstatt. Gepflegt und bildhübsch ist auch die benachbarte **Büdnerei (Nr. 36)** mit Katzenkopfbordüre ums Haus.

Hereinspaziert, herausspaziert

Das um 1800 erbaute **Fischlandhaus** (Nr. 38) 8 ist ein Bilderbuchbeispiel für die traditionelle Bauweise – ein Hochdielenhaus mit Kröpelwalmdach (heute vielseitig genutzt als Bibliothek und Kultur- und Kunsthaus, s. oben). In der **Büdnerei schräg gegenüber (Nr. 39)** wohnte der Kuhhirte, der morgens alle Dorfkühe zusammentrieb und zur Boddenwiese brachte. Abends fanden die Kühe allein ihren Weg zurück in den Stall. Wer jetzt vom Ende der Neuen Straße zum Friedhof weiterspaziert, kann den schönen Blick über die Boddenwiesen und den Bodden genießen.

»Der Seemann ging mit beidem, dem Schiff und dem Haus, mit gleich pflegsamen Händen um. Welt und Heim waren die Pole, zwischen denen sich das Leben des Schiffers bewegte.« (Käthe Miethe, Das Fischland)

INFOS

Das Fischlandhaus 8 **(► S. 25)**

Tipp: In der Kurwaltung erhält man für 1 € das vorzügliche, zweisprachige **Faltblatt »Neue Straße/Niege Strat«** mit Infos zu jedem einzelnen Haus. Im Straßenplan sind sogar die (sichtbaren) historischen Brunnenstellen und Schwengelpumpen aufgeführt. An den Häusern selber gibt es keine Infotafeln.

Faltplan: C 4/5 | Cityplan S. 24

Ungeliebt und faszinierend: Die Bunkerruinen zwischen Wustrow und Ahrenshoop wandern langsam ins Meer.

Sport & Aktivitäten

Zeesbootsegeln 1
Im Wustrower Hafen liegen die Zeesenboote Bill und Butt, die in der Saison Fahrten auf dem Bodden anbieten, Mai–Okt. tgl. 11,13, 15, 17 Uhr, Erw. 20 € (Kinder die Hälfte), Dauer 1,5 Std.

Skipper Jochen Eymael, T 0151 28 77 62 73

Boddenschifffahrt
MS Boddenkieker 1: Linienfahrten zwischen Ribnitz, Dierhagen und Wustrow, Fahrradmitnahme möglich und sehr zu empfehlen, April–Okt.

MS Ostseebad Wustrow 1: Rundfahrten ab Wustrow zu den Borner und Neuendorfer Bülten, mit ein wenig Glück entdeckt man Seeadler, Rohrweihen und Kegelrobben.

Fahrgastbetrieb Kruse & Voß: T 038220 588, www.boddenschifffahrt.de, auf beiden Schiffen So/Mo Ruhetag, alle Fahrpläne/Preise online

Surfen
Surfcenter Wustrow 2: 1 km südlich von Wustrow, beliebter Surfspot an der schmalsten Stelle des Fischlandes, Kite- und Surfkurse, mit dem SUP Board paddelt man bei ruhigem Wetter entlang der Steilküste nach Ahrenshoop. Der gegenüberliegende Saaler Bodden bietet ein hervorragendes Stehrevier für Anfänger. Strandnaher Wohnmobilstellplatz gleich hinterm Deich und nette Beachbar.

An der Nebelstation 2, T 038220 802 50, www.surfcenter-wustrow.de

Segeln
Fischländer Segelschule 3: Kinder- und Aufbaukurse, auch Sportbootführerschein, Verleih von Rügenjollen, Motor- und Ruderbooten.

Am Hafen 10, T 03382 707 81 88, 0171 327 72 90, www.aufs-wasser.com

INFOS

Kurverwaltung im Haus des Gastes: Die gut ausgestattete Tourist-Information befindet sich im ehemaligen Kaiserlichen Postamt, das von 1895 bis 2001 in Betrieb war.

Ernst-Thälmann-Str. 11, 18347 Wustrow, T 038220 251, www.ostseebad-wustrow.de

Kulturpfad: Blaue Steine markieren die Orte, wo Kapitäne und Navigati-

onslehrer, aber auch Bildhauer und Maler gewohnt und gewirkt haben. In der Kulturpfad-Broschüre erfährt man, wer oder was sich hinter der jeweiligen Nummer verbirgt. Erhältlich in der Kurverwaltung und in der örtlichen Buchhandlung, 5 €.
Ortswanderung: Mai–Okt. Mi 9.30 Uhr, 2 Std., ab Haus des Gastes

TERMINE

Strandgalopprennen: Ostersamstag. Am Hauptstrand, Start und Ziel an der Seebrücke, abends Osterfeuer.
Zeesbootregatta: 1. Sa im Juli. Mit Hafenmarkt.
Tonnenabschlagen: 2. So im Juli. Zum Auftakt Sa abend Disco, zum Abschluss So abend traditioneller Reiterball.
Seebrückenfest: Letzter So im Aug. Tag der offenen Tür in der Seenotstation. Markttreiben an der Seebrücke.
Kunsthandwerkermarkt: Seebrücke/Strandstraße, an drei Saisonwochenenden wird Keramik, viel Handgemachtes, Kulinarisches und Hochprozentiges angeboten.

Ahrenshoop

D 4, Cityplan S. 34

Ein beeindruckendes Hochufer über einem traumhaften Sandstrand und eine schilfgesäumte Boddenküste bilden den Rahmen für die ehemalige Künstlerkolonie. Rohrgedeckte Katen und ortsfremde, aber bildhübsche Villen beherbergen Kunstgalerien. Die ehemalige Künstlerkolonie ist tatsächlich so schön wie auf vielen stimmungsvollen Bildern und Fotografien sichtbar.

Zwischen Gestern und Heute

Während andere, durch die Seefahrt zu Wohlstand gekommene Fischerdörfer (Wustrow, Prerow und Zingst) den Niedergang der Segelschifffahrt mit dem stetig zunehmenden Fremdenverkehr auffangen konnten, lebten auf dem schmalen Sandstreifen zwischen Fischland und Darß etwa 30 Familien in kleinen rohrgedeckten Katen noch hauptsächlich vom Fischfang und auch der Schmuggelei. Am heutigen Grenzweg in Ahrenshoop verlief einst die Grenze zwischen Mecklenburg und (Vor)Pommern (später Schwedisch- bzw. Preußisch-Pommern). Es gab noch keine bequem ausgebauten Straßen wie heute, die Ackerböden waren karg, weder Büsche noch Bäume schützten Land und Bewohner vor Flugsand und Stürmen.
Eine bessere Zeit brach erst gegen Ende des 19. Jh. an, als sich Maler in dem idyllischen Dünendorf niederließen. Galerien, Kunsthäuser und edle Hotels in liebevoll sanierten Künstlervillen prägen heute die ehemalige Künstlerkolonie. Die Bäderstraße, die im Ortsbereich ganz harmlos und unverdächtig **Dorfstraße** heißt, führt mitten hindurch. Der dichte Verkehr ist – vor allem in der Saison – eine Belastung. Auch das nicht enden wollende Baugeschehen stößt auf Kritik. Der riesige, an Stelle des alten Kurhauses auf dem Schifferberg am Ortsausgang errichtete Hotelkomplex wirkt wie ein Fremdkörper, bietet aber Gästen ganzjährigen Fünf-Sterne-Luxus (www.the-grand.de).

WER WOHNTE WO?

Maler, Grafiker und Keramiker ließen sich in der Künstlerkolonie dauerhaft nieder. Interessante Geschichte(n) bietet die von der Kurverwaltung herausgegebene Broschüre **Ahrenshoop. Künstler, Häuser. Kolonie.** Ebenso lesenswert ist der Flyer **Ostseebad Ahrenshoop – Literarisch & Poetisch**. Beide findet man zum Lesen und Downloaden: www.ostseebad-ahrenshoop.de. In der Kurverwaltung für 1 € erhältlich, eine lohnenswerte Investition!

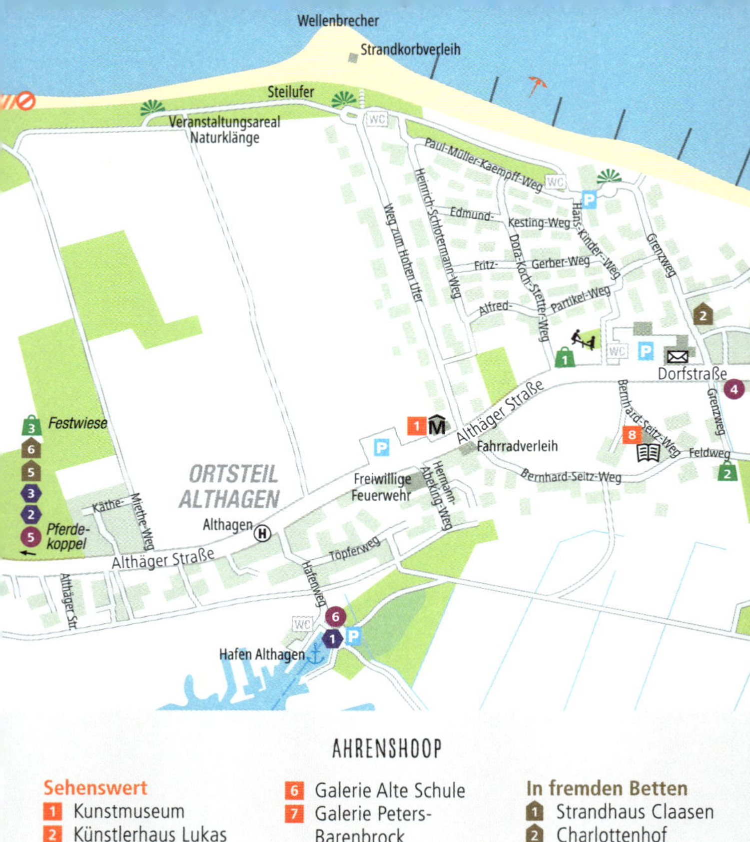

AHRENSHOOP

Sehenswert

1. Kunstmuseum
2. Künstlerhaus Lukas
3. Kunstkaten
4. Bunte Stube
5. Schifferkirche
6. Galerie Alte Schule
7. Galerie Peters-Barenbrock
8. Neues Kunsthaus/Bibliothek
9. Klanggalerie Das Ohr

In fremden Betten

1. Strandhaus Claasen
2. Charlottenhof
3. Romantik Hotel Namenlos
4. Fischerwiege

WAS TUN IN AHRENSHOOP?

Im Zuge des Jubiläumsjahrs – 125 Jahre Ahrenshooper Künstlerkolonie – wurde 2017 der **Kunstpfad** eröffnet. An zehn Stationen gewähren ausgewählte Gemälde dem kunstinteressierten Spaziergänger einen Blick zurück in die Zeit, als Ahrenshoop noch ein weltfernes Fischerdorf war. Natürlich wurde seither viel gebaut, aber es ist erstaunlich und erfreulich, wie viele der alten Motive noch heute wiederzufinden sind. Man kann nachempfinden, warum die Künstler verzaubert waren von dieser Idylle.

Den informativen Kunstpfad-Flyer mit Karte gibt es in der Touristeninfo und im Kunstmuseum oder zum Herunterladen unter www.ostseebad-ahrenshoop.de. Aber auch ohne Flyer ist es großartig, bei einem Bummel durch den Ort ganz zufällig auf eine der schön gestalteten Tafeln zu treffen, die zudem Wissenswertes über den jeweiligen Maler und sein Werk vermitteln.

Die Spur der Künstler

Als »gelungene Ode an die Künstlerkolonie« wird das architektonisch bemerkenswerte **Ahrenshooper Kunstmu-**

5 Pension Brathering
6 Töpperhus

Satt & glücklich
1 Restaurant Ginger
2 Künstlerquartier Seezeichen
3 Mühle
4 Café Pieni
5 Restaurant Am Kiel
6 Räucherhaus

Stöbern & entdecken
1 Sommerfrischemarkt
2 Dornenhaus
3 Galerie Schnepel III

Wenn die Nacht beginnt
1 Das Weitblick

Sport & Aktivitäten
1 Zeesboote
2 Atelier Carola Pieper
3 Islandpferdehof

seum 1 (► S. 36) am westlichen Ortseingang gelobt. Der ganze Ort ist mit Künstlergeschichte gespickt. Als der Landschaftsmaler Paul Müller-Kaempff kurz vor der Wende vom 19. zum 20. Jh. auf einer Wanderung in das abgelegene Fischerdorf kam, war er hingerissen von der Unberührtheit, Einsamkeit und Schönheit zwischen Meer und Bodden: »Das war ein Studienplatz, wie ich ihn mir immer gewünscht hatte! Nirgends ein öder Nützlichkeitsbau mit Pappdach, nichts was den Gesamteindruck störte; die Dorfstraße sehr breit und sandig«. So schrieb er später in seinen Erinnerungen. Müller-Kaempff blieb und gründete eine Malschule, in der er mangels Unterkunftsalternativen im Dorf seine Schülerinnen einquartierte (Dorfstr. 35). Kunst wird in der ehemaligen St. Lukas-Pension noch immer geschaffen: Seit 1994 steht das **Künstlerhaus Lukas** 2 Stipendiaten zum Wohnen und Arbeiten zur Verfügung. Jeweils am letzten Sonntag im Monat laden sie zu einem Tag der offenen Tür ein (www.kuenstlerhaus-lukas.de). Von großer Bedeutung für die Künstlerkolonie war 1909 der Bau des **Kunstkatens** 3 (► S. 37) im Strandweg. Hier konnten die Künstler erstmals

LITERARISCHER SPAZIERGANG

Auf den (Schrift-)Spuren berühmter Gäste führt die **Autorin Kristine von Soden** durch Ahrenshoop. Wem es zeitlich nicht passt, kann es sich auch mit einem Buch auf dem Sofa gemütlich machen: Von Soden hat ihre Recherchen und viele der Anekdoten veröffentlicht, in **Ahrenshoop – Balancieren auf der Meerschaumlinie**, Berlin 2015.

Führungen April–Sept. etwa 1x pro Monat, ab Kurverwaltung, Termine siehe Website www.ostseebad-ahrenshoop.de, 8 € mit Kurkarte

ihre Arbeiten ausstellen und auch zum Verkauf anbieten. Anders als viele der neu entstandenen Künstlerhäuser, die sich nicht am regionalen Baustil orientierten, wurde er mit Rohrdach und bemalter Haustür ausgestattet. Ein markantes Wahrzeichen des Ortes ist die **Bunte Stube** 4 am Abzweig zum Strandweg. 1922 als Laden gegründet, bot sie den Künstlern auch die Möglichkeit ihre Werke auszustellen und entwickelte sie sich rasch zum kulturellen Treffpunkt, beides ist sie auch heute noch (siehe unten).

Zur schönsten Aussicht am Meer

Ein größerer Parkplatz befindet sich am reetgedeckten (!) Einkaufszentrum am Grenzweg, der leicht bergan direkt zum Strand führt. Man kann auch dem schmalen Pfad folgen, der links vom Parkplatz auf den Hans-Kinder-Weg zuführt. Dieser verläuft durch ein Viertel mit Rohrdachhäusern, das zu DDR-Zeiten schlicht der ›Millionärshügel‹ hieß, eine Anspielung auf die vielen Ärzte, Künstler und Wissenschaftler, die hier Häuser erwarben oder errichten ließen – kein einziges ohne Rohrdach! Man gelangt zu einer atemberaubenden Aussicht auf das Meer und das Hohe Ufer.
Wer von hier ein Stück gen Osten läuft, erreicht den Grenzweg. Man passiert das legendäre, 2017 geschlossene Café Buhne 12. Von einer kleinen Aussichtsplattform kurz vor dem Strandabgang verzaubert das viel fotografierte und gemalte Rohrdachhaus mit den drei windzerzausten, hohen Pappeln. (Sie wollen hier wohnen? Gerne doch, es ist ein Traum: www.grimmelei.de).

Schifferkirche

Die 1951 aus einheimischen Baustoffen – Holz und Rohr – gebaute **Schifferkirche Ahrenshoop** 5 hat die Form eines kieloben liegenden Bootes. Ein natürliches und schlichtes Bauwerk, in das durch den verglasten Westgiebel Licht fällt. Im Kircheninneren finden sich Werke der Bildhauerin Doris Oberländer-Seeberg (1903–89): der Ständer für die Taufschale und die Kanzel wurden aus dem Holz einer am Bauplatz gefällten Pappel gefertigt. Die vier, von der Decke herabhängenden Schiffsmodelle verkörpern die vier (göttlichen) Tugenden: Glaube, Liebe, Hoffnung und Frieden. Mit der Erneuerung der stark sanierungsbedürftigen Kirche wurde 2005 der damalige Architekt Hardt-Waltherr Hämer (1922–2012) beauftragt. Im Januar 2013 wurde eine neue Orgel der Dresdner Orgelwerkstatt Wegscheider eingeweiht.

Paetowweg 5, Juni–Sept. Di–So 10–18, Okt.–Mai Do–So 10–16 Uhr, Gottesdienst So 9 Uhr

MUSEEN UND GALERIEN

Kunstmuseum

Am Weg zum Hohen Ufer, im Sommer der wohl wichtigste Pfad zum Badestrand am Meer, steht das **Kunstmuseum Ahrenshoop** 1: ein Gehöft für die Kunst aus fünf Häusern, verbunden durch ein großzügiges Foyer. Das 2013 neu eröffnete, preisgekrönte Haus des Architekten Volker Staab (Landesbaupreis Mecklenburg-Vorpommern 2014, Iconic Award 2014) zieht – auch ohne Rohrdach – Besucher von weither an. Zu der wunderbaren Sammlung gehören

Zwischen Tag und Traum. Wenn sich das Abendlicht über die Bootshäuser in Althagen senkt, bricht die Stunde der Maler und Fotografen an – wie oft wurde diese Stimmung wohl schon eingefangen?

Gemälde, Grafiken und Skulpturen von Künstlern, die in Ahrenshoop oder in der nahen Küstenregion gewirkt haben. Gezeigt werden Werke von Künstlern aus der Gründerzeit der Künstlerkolonie. Zu ihnen gehörten unter anderem Anna Gerresheim, Louis Douzette, Elisabeth von Eicken und Paul Müller-Kaempff. Zu sehen sind auch die Werke der klassischen Moderne (Dora Koch-Stetter, Bruno Gimpel, Hedwig Woermann) und widerständige Kunst aus der DDR-Zeit ebenso wie zeitgenössische Kunstinstallationen. Neben bekannten Namen findet man viele in Vergessenheit geratene oder gerade eben erst entdeckte Künstler – ein wirklich beachtliches Museum!

Weg zum Hohen Ufer 36, T 038220 667 90, www.kunstmuseum-ahrenshoop.de, April–Okt. Di–So 11–18, Nov.–März Di–So 10–17, Erw. 10 € (mit gültiger Gästekarte), Schüler und Studenten 4/5 €

Haus für Kunst und Kunstgewerbe

Der von den Malern Paul Müller-Kaempff (1861–1941) und Theobald Schorn (1866–1913) entworfene **Kunstkaten Ahrenshoop** 3 ist eine der ältesten Galerien in Norddeutschland. Knallblau gestrichen – kann man ihn kaum verfehlen. Die Themen der regelmäßig wechselnden Ausstellungen: Landschaft, Mensch und Meer.

Strandweg 1, T 038220 803 08, www.ostseebad-ahrenshoop.de/kunstkaten, Di–So 10–13, 14–16 Uhr, Mai–Sept. 4–4,40 € (inkl. Kurbeitrag), Okt.–April 2,50 €, Events (Lesungen, Livemusik, Kino) ab 20 Uhr

Alte Schule

Wer die alljährliche, großartige Kunstauktion verpasst, kann in der **Galerie Alte Schule Ahrenshoop** 6 fündig werden. Gezeigt werden Arbeiten aus dem Bestand der Ahrenshooper Kunstauktionen, darunter Werke namhafter Künstler aus den Anfängen der Künstlerkolonie bis hin zur zeitgenössischen Kunst. Das 1828 erbaute Fachwerkhaus diente bis 1973 als Dorfschule.

Dorfstr. 16, T 038220 663 30, www.galerie-alte-schule-ahrenshoop.de

Figurative Malerei

Die **Galerie Peters-Barenbrock** 7 auf dem Schifferberg (Eingang im The Grand) setzt ihren Schwerpunkt auf figurative Malerei, Grafik, Skulptur und Fotografie ab 1980 aus Deutschland.

MUSIK AM MEER

Im Rahmen der Konzertreihe **Naturklänge** spielen unter der künstlerischen Leitung von Musiker und Komponist Lutz Gerlach nationale und internationale Künstler Musik von Klassik bis Jazz an landschaftlich reizvollen Orten rund um den Nationalpark Vorpommersche Boddenlandschaft. Kult ist das jährliche Abschlusskonzert mit Lutz Gerlach am Hohen Ufer in Ahrenshoop. In der **Klanggalerie Das Ohr** 9 kann man seine Kompostionen ganzjährig genießen und seine CDs erwerben.
Hans-Brass-Weg 2, T 038220 66700, www.lutz-gerlach.de, geöffnet zu den Veranstaltungen oder n.V.

Hochkarätig und edel mit besonderem Ambiente. Der Besuch lohnt!
Schifferberg 24, T 038220 66 76 00, www.galeriepetersbarenbrock.de, Öffnungszeiten s. Website

Kunsthaus und Bibliothek

Die Galerie für zeitgenössische Kunst widmet jährlich fünf bis sechs Ausstellungen Künstlern aus Mecklenburg-Vorpommern und den Ostseeanrainerstätten. In Kooperation mit dem Künstlerhaus Lukas initiiert das **Neue Kunsthaus** 8 thematische Projekte, die eine Zusammenarbeit zwischen Bildender Kunst, Video, Literatur, Tanz und Musik ermöglichen. Passend zu den (bisherigen) Ausstellungen gibt es im Verkaufsbereich ein kleines, aber feines Angebot an Malerei, Grafik, Kleinplastik, Schmuck und Katalogen. Nebenan liegt die **Käthe-Miethe-Bibliothek** (Mo, Do 10–15, Fr 10–12, 14–18 Uhr).
Bernhard-Seitz-Weg 3a, www.neues-kunsthaus-ahrenshoop.de, Mi–Mo 10–16 Uhr, 3 €

In fremden Betten

Urlaub am Meer
Strandhaus Claasen 1
Zehn ganz unterschiedliche 1–3-Raum-Apartments nur 50 m vom Badestrand. Sie haben die Wahl zwischen Balkon zur Land- oder Seeseite und/oder Terrasse und Gartennutzung (Apartment 8 hat einen Balkon zur Seeseite, in der oberen Etage direkten Meerblick). Sauna im Haus (kostenpflichtig), ein Parkplatz pro FeWo.
Am Strom 7, vermietet über www.meerfischland.de, €€€

Ein Wohlfühlort
Charlottenhof 2
Traditionsreiche Pension, in der der Maler Paul-Müller-Kaempff (1861–1941) häufig einkehrte, als er noch Junggeselle

Einfach mal das tun, was uns glücklich macht: Seiltänzer als Kunstfigur mit zwei Besucherinnen in einem der schönen Ausstellungsräume des Kunstmuseums Ahrenshoop.

war. Zwölf geschmackvoll eingerichtete Zimmer und Garten mit Sitzgelegenheit. im Café-Restaurant genießen Sie leichte regionale Küche (€€–€€€) sowie nachmittags leckere Kuchen.
Grenzweg 3, Ahrenshoop, T 038220 302, www.charlottenhof-ahrenshoop.de, DZ/Suiten €€€ (Parken inkl.)

Fischländischer Charme
Romantik Hotel Namenlos 3 & Fischerwiege 4
Ein Hotel auf vier sorgsam sanierte, ganz unterschiedliche Häuser verteilt, drei davon mit Rohrdach und jedes ein Kleinod mit fischländlichem Charme. Neben dem Hotel und Restaurant Namenlos (Dorfstr. 44) erhebt sich das an Stelle des alten Kurhauses erbaute Hotel The Grand. Manche stört es, andere nicht. Denn der Blick aufs Meer ist derselbe geblieben. Der Wellnessbereich mit Hallenbad in der Fischerwiege (Schifferberg 9a) und die Saunalandschaft des Namenlos stehen allen Gästen zur Verfügung.
Dorfstr. 44, Ahrenshoop, T 038220 60 60, www.hotel-namenlos.de, DZ/Suiten €€€

Ruhige Lage
Pension Brathering 5
Ruhige nette Pension am Bodden, das rotgeklinkerte Pensionsgebäude wurde 1923 als Bauernhof errichtet, Unterkunft auch im Atelierhaus und Ferienhäuschen, hübscher Garten, dazu Fahrradverleih (auch E-Bikes) und Hoflädchen mit selbstgemachten Fruchtaufstrichen und diversen Kräuterlikören.
Weg zum Kiel 7, Niehagen, T 038220 414, www.pension-bradhering.de, DZ/FeWo €€

Idyll am Bodden
Das Töpperhus 6
Ein reetgedecktes Fachwerkhaus, dessen weitläufiger Garten unmittelbar an den Schilfsaum des Saaler Boddens grenzt. Eine 2-Zimmer-Ferienwohnung und drei 1-Zimmer-Apartments für jeweils 2 Personen befinden sich in der zum Bodden gelegenen Hausseite. Dazu gibt es eine Gemeinschaftsterrasse und Sitzecken im Garten. Ein Wohlfühlort! Im Haus befindet sich auch die Keramikwerkstatt der Gastgeberin. Die bildhübschen, handgedrehten Töpferwaren sind mit Motiven aus Flora und Fauna dekoriert.
Bauernreihe 8a, Niehagen, T 038220 801 16, www.toepperhus.de, FeWo €–€€

Satt & glücklich

Zu empfehlen sind die Restaurants in den oben genannten Hotels Namenlos und Fischerwiege. Wenn Sie im Namenlos einkehren (sehr lecker ist dort der Kuchen!), achten Sie auf den von Friedemann Löber gestalteten Ofen. Auch die Lampenschirme und die Vasen präsentieren Fischlandkeramik pur. Wirklich schön!

Schlemmen & Schlummern
Restaurant Ginger 1 & Künstlerquartier Seezeichen 2
Zwei Hotel-Restaurants an der Dorfstraße in einer Hand (beide: www.seezeichen-hotel.de). Das **Restaurant Ginger** befindet sich im Hotel Elisabeth von Eicken, dem charmanten ehemaligen Wohn- und Atelierhaus der Mitbegründerin der Künstlerkolonie (Dorfstr. 39, T 038220 66 95 35, Pasta, Fisch, Fleisch, lecker ist der vegetarische Ziegenkäse-Burger; schönes Ambiente). Schräg gegenüber, zum Meer hin, bietet das **Künstlerquartier Seezeichen** im Garten und auf mehreren Terrassen ein großartiges Frühstück (bis 13 Uhr) im #fraukorn, nachmittags Kaffee und Kuchen, abends werden im #herrhoshi asiatische Köstlichkeiten mit regionalen Zutaten kreiert (Mi–So 17–23 Uhr).
Dorfstr. 22, T 038220 678260, online reservieren über herrhoshi@ahrenshoop.travel

Zuckersüß, herzhaft und herzlich
Café Pieni 4
Pieni ist finnisch und bedeutet ›das Kleine‹. Ein nettes Café am Ortseingang im farbinteressanten, modernen Retrolook. Der Kuchen ist selbst gebacken, die Bistro Speisen leicht und frisch. Die Lust am Backen, Kochen und Anrichten ist den Gastgebern anzumerken.
Strandstr. 1a, T 038220 66 11 78, www.cafe-pieni-ahrenshoop.de, Do–Di 10–17 Uhr

Vom Meer geformt – das Hohe Ufer

Die Steilküste erstreckt sich von Ahrenshoop bis kurz vor die Seebrücke von Wustrow. Die Zeiten, in denen man zwischen dem Weg oben auf dem Kliff und dem Strandweg am Flutsaum wählen konnte, sind vorbei. Das Wasser reicht je nach Wind bis an die Steilwand heran. Es besteht akute Abbruchgefahr.

Romantisch und gefährdet, uralt und doch vergänglich …

Ausgangspunkt ist der **Grenzweg.** Natürlich ist es verlockend hier erst einmal ein Stück am Wasser entlang zu bummeln. Bis zu den Warnschildern ist das auch genehmigt.

Zunächst ist der **Strand** noch breit, sanfte Wellen überspülen eine flache, ein Stück ins Meer herausragende Sandbank – geschützt hinter einem bogenförmigen Wall von **steinernen Wellenbrechern**. Ist das eine übertriebene Schutzmaßnahme? Nein, denn die Ostsee kann auch anders. Es sind die (vor allem im Winterhalbjahr) heranbrandenden Wellen, die diese beeindruckende Steilküste geschaffen haben. Bei Sturm untergraben sie den Fuß der Steilwand, sodass ganze Partien abbrechen. Die Folge: Entwurzelte Bäume stürzen auf den Strand. Ein bis drei Meter Steilküste verschwinden jährlich im Meer, in manchen Jahren auch mehr.

Uferschwalben im Steilufer

Das Steilufer ist ein ideales Terrain für die als gesellige Koloniebrüter bekannten **Uferschwalben** (Riparia riparia). Gegen Ende April/Anfang Mai kehren sie aus ihren afrikanischen Winterquartieren an die Ostseeküste zurück. Wenn sie keine bereits vorhandene Brutröhre in Beschlag nehmen können, graben sie sich mit Schnabel und Krallen armtief in die steile Wand, polstern das hintere, etwas erweiterte Ende mit Halmen und Federn aus, und das Brutgeschäft kann beginnen.

Die **Elternvögel** sind ein Team. Beide brüten bis nach 14 bis 16 Tagen die Jungen schlüpfen. Dann füttern beide. Nach 18 bis 23 Tage verlassen die

Die **Interessengemeinschaft Hohes Ufer** will das weitere Abbröckeln der Küste mit dem Bau von Buhnen stoppen. Geschätzte Kosten: 1,75 Mio. Euro, Info und Spendenkonto: www.hohesufer-ahrenshoop.de

Jungen die Bruthöhle. Ein Teil der Uferschwalben brütet noch ein zweites Mal, doch spätestens Ende September kehrt wieder Ruhe ein. Die Zeit der Herbststürme beginnt.

Bunker und Seebrücke

Am Strand heißt es jetzt Stopp und Umdrehen. Zurück zum Grenzweg. Zu Fuß oder mit dem Fahrrad geht es oben entlang der **Steilküste** Richtung Wustrow. Immer wieder musste der Rad- und Wanderweg in den letzten Jahren verlegt werden, immer wieder rückte er gefährlich nah an die Abbruchkante. Die eiserne Treppe hinab zum Strand wurde abgebaut, sie liegt am Wegesrand. Fototafeln erzählen die Geschichte der Abbrüche.

Die **Seebrücke von Wustrow** rückt näher. Der Strand unten ist (fast) verschwunden. Wie groß die Abtragung an diesem Küstenabschnitt ist, machen die abgestürzten, mit bunten Graffiti bemalten Bunker deutlich – einer noch in Ufernähe, der andere schon ein ganzes Stück draußen im Meer. Sie gehören zu einem unterirdischen Bunkersystem, das in **DDR-Zeiten** von der Nationalen Volksarmee (NVA) als technische Beobachtungsstation genutzt wurde.

Das Hohe Ufer verliert an Höhe und läuft schließlich am belebten **Badestrand von Wustrow** aus. Direkt an der **Seebrücke** liegen zwei Lokale, hier kann man sich mit Blick über das Meer für den Rückweg stärken.

INFOS

Wanderung: Von Ahrenshoop bis Wustrow ca. 3,5 km, gut eine Stunde Wanderzeit. Ausgangspunkt am Parkplatz am Einkaufszentrum/Bushaltestelle und über den Grenzweg zum Strand oder am Parkplatz Kunstmuseum und über den ›Weg zum Hohen Ufer‹ an die Steilküste.

Busverbindung: In der Saison stündlich zwischen Ahrenshoop und Wustrow

Faltplan: C 4

Mit viel Liebe zum Detail wurde die Mühle nach alten Plänen und Fotos neu gebaut und eingerichtet. Tipp: unbedingt ein Mühlenbrot mitnehmen.

Stimmiges Ambiente
Restaurant Am Kiel ❺
Wohnen kann man hier, aber auch lecker essen, gekocht wird, wenn möglich, mit Zutaten aus der Region.

MÜHLE AHRENSHOOP

In der neu aufgebauten alten **Mühle** ❸, die man schon auf den Gemälden der ersten Künstlergeneration entdeckt, backt ein Bäckermeister leckere Kuchen. Die Lage fern der Autostraße und Touristenströme ist wunderbar, im Sommer sitzt man im Garten mit Blick auf die angrenzende Weide mit einer kleinen Herde von Schafen bis hin zum Bodden. Im Malwerk wechselnde Ausstellungen sowie Kurse im Bereich Kunst und Literatur. Und wer danach Lust auf eine himmelsnahe Unterkunft am Bodden hat, sollte einfach mal auf der Website vorbeischauen.

Feldweg 7, T 038220 66 83 43, www.muehle-ahrenshoop.com, Kernzeit12–17 Uhr, in der Saison erweiterte Öffnungszeiten.

Zander, Ente, alles ansprechend zubereitet. Sonnige Terrasse.

Boddenweg 12, Niehagen, T 038220 66 97 21 (Reservierungen Di–So 16–18 Uhr) www.hoteluntermreetdach.de, in der Saison Di–So 13–21, sonst Mi, Do 17–21, Fr–So 13–21 Uhr, €€–€€€

Räucherfisch & Räucherkorn
Räucherhaus ❻
Beliebtes Imbiss-Restaurant am Althäger Hafen. Von April bis Oktober gehen jeden Tag um 11.30 Uhr an der Reuse die Öfen auf und locken mit dem köstlichen Duft von geräuchertem Aal, Makrele und Lachs. Entsprechend groß ist der Andrang. Das Fischgeschäft bietet selbstgeräucherten Fisch, auch fangfrischen Bodden- und Ostseefisch, dazu ein Bier vom Fass oder ein Räucherkorn (tgl. 9–18 Uhr). Ebenso beliebt ist übrigens der reetgedeckte **Fischkaten** am Parkplatz vor dem Einkaufszentrum in Ahrenshoop.

Stöbern & entdecken

Nichts wie rein
Bunte Stube 4
Eine Ahrenshooper Institution! Ihr unverwechselbares Äußeres verdankt sie

dem Bauhausarchitekten Walter Butzek. Das Angebot an Büchern, Kalendern,, Kunsthandwerk und Naturwaren macht Lust, sich etwas zu gönnen. Im Kunstkabinett werden wechselnde Ausstellungen gezeigt.

Dorfstr. 24, T 038220 238, www.bunte-stube.de, in der Saison Mo–Sa geöffnet, im Winterhalbjahr Ruhetage, s. Website

Öko-Köstlichkeiten
Sommerfrischemarkt Ahrenshoop 1

Mitte Mai–Ende Sept. Do 9–14 Uhr, auf der Wiese neben dem Parkplatz/Einkaufsmarkt. Obst, Gemüse, aber auch Honig und Öle, Räucherfisch und Produkte aus Ziegenfleisch gibt es hier zu kaufen.

Keramik & Kunst
Dornenhaus Ahrenshoop 2

Das geschichtsträchtige Dornenhaus (S. 46) ist schon allein für sich ein attraktives Maler- und Fotomotiv. Um 1660 direkt am historischen Grenzgraben zwischen Mecklenburg und Vorpommern erbaut, blickt es auf eine lange Geschichte als Bauern-, Seefahrer- und Zollhaus zurück. Seinen Namen gab ihm der windgebeugte Weißdorn, der das Haus zu früheren Zeiten einst umgab. In den 1950er-Jahren quartierten hier vorübergehend Bertolt Brecht und Helene Weigel, zu DDR-Zeiten der Kindergarten der Gemeinde Ahrenshoop. Seit Ende der 1990er-Jahre beherbergt das denkmalgeschützte Ensemble die Keramikwerkstatt Friedemann Löber und eine Galerie mit Wechselausstellungen (meist) zeitgenössischer Künstler, Lesungen und Konzerten.

Bernhard-Seitz-Weg 1, T 038220 809 63, www.dornenhaus.de, Öffnungszeiten variieren je nach Saison/Ausstellung, s. Website

Die Schönheit der einfachen Dinge
Galerie Schnepel III 3

Kein Touristennepp, sondern echtes traditionelles Handwerk und aktuelle Kunst aus aller Welt. Im Künstlerhaus Vossen kann man unter dem Reetdach auch stilvoll wohnen (www.ahrenshooper-ferien.de, ›Künstlerhaus Vossen‹, €€).

Weg zum Kiel 2, T 038220 67 95 75, www.galerie-schnepel.de, in der Saison Mi–So 16–19 Uhr

DE ZEESE IST DAT NETT

Außerhalb der Saison wirkt der **Althäger Hafen** verlassen, aber im Sommer sorgen Fahrgastschiffe, kleine Fischereifahrzeuge und Zeesboote für Flair. Im beliebten **Räucherhaus** 6 genießt man zu der Hafenatmosphäre frisch gefangenen und geräucherten Fisch. Hausherr Andreas Schönthier fährt mit seinem Kutter selber zum Fang raus. Er ist auch Zeesboot-Kapitän, nimmt Gäste an Bord 1 und hat den Verein ›Der Zeesner‹ gegründet. Höhepunkt der Vereinstätigkeit ist jährlich im September das Zeesfischen, das bis Ende der 1970er-Jahre auf den Boddengewässern betrieben wurde. Dabei drifteten die breiten Boote quer vor dem Wind und zogen ein sackförmiges Schleppnetz, die Zeese, seitlich hinter sich her. Auch wegen der sinkenden Bestände von Aal, Hecht, Plötz, Barsch und Stint wurde das Zeesfischen aufgegeben. Enthusiasten wie Andreas sorgen dafür, dass die Tradition erhalten bleibt.

Sport & Aktivitäten

Entspannen auf dem Bodden
Zeesboote am Althäger Hafen 1

Auf alten Eichen unter braunen Segeln dahinsegeln, der Käpt'n erzählt über die traditionsreichen Arbeitsschiffe und vom Leben am Saaler Bodden. Auf Wunsch wird fürs leibliche Wohl an Bord mit deftigem Räucherfisch gesorgt.

Info und Reservierung im Restaurant Räucherhaus, Am Hafen, T 038220 69 46, www.raeucherhaus.com, Mai–Okt., Erw. 20 €

Malen
Carola Pieper 2

Kurse im Zeichnen, Malen und Druckgrafik bietet Carola Pieper in wunderbarer Lage am Bodden an.

Atelier Carola Pieper, Althäger Str. 40, T 038220 806 19, www.carolapieper.de

DIE MALHÜHNER

Da Frauen erst 1919 zum Kunststudium an den Hochschulen zugelassen wurden, blieb ihnen bis dahin nur das Studium in privaten Malschulen – wie die von Müller-Kaempff 1892 gegründete Malschule St. Lucas. Fortan prägten die als ›Ahrenshooper Malhühner‹ verspotteten Künstlerinnen das Dorfbild: »Wohin man schaute – überall saß jemand zeichnend auf einem Stühlchen oder stand vor einer Staffelei, und besonders beliebte Motive wie das Dornenhaus waren förmlich umlagert«, erinnert sich die deutsche Schriftstellerin Käthe Miethe, die seit 1901 mit ihrer Familie jeden Sommer auf dem Fischland verbrachte.
Die Einheimischen staunten: Malen in der Natur, noch dazu ohne Mieder, das hatten die selbstbewussten Malweiber zuhause gelassen, war es doch viel zu unbequem. Elisabeth Büchsel ging (auf Hiddensee) sogar in Hosen.

Ein familiärer kleiner Reitbetrieb
Islandpferdehof Fischland 3
Anfängerkurse beginnen mit dem Aufsatteln und enden schließlich mit einem kleinen Ausritt. Fortgeschrittene Reiter absolvieren längere Geländeritte, sie können wie die Profis Springen lernen und auch Tölt und Pass ausprobieren, die besonderen Gangarten der Islandpferde.
Weg zum Kiel 12, Niehagen, T 038220 693 28, www.islandpferdehof-fischland.de

Wenn die Nacht beginnt

Rooftop Bar
Das Weitblick 1
Die Bar liegt im 5. Stock des Hotels The Grand. Der Blick über die Ostsee und die kilometerlange Küste ist atemberaubend schön. Hier lässt sich der Sonnenuntergang stilvoll mit einem Dinner oder einfach nur bei einem Cocktail genießen.
Schifferberg 24, T 038220 67 80, www.the-grand.de, tgl. ab 18 Uhr

TERMINE

Kurverwaltung Ahrenshoop: Kirchnersgang 2, 18347 Ostseebad Ahrenshoop, T 038220 66 66 10, www.ostseebad-ahrenshoop.de, Juni–Okt. Mo–Sa 10-17, Nov.–Mai Mo–Fr 10–16, Sa 10–15 Uhr
Ortsführung: Ab Kurverwaltung, April–Nov. Mi 10 Uhr, Dez.–März Mi 11 Uhr, 5 €, zzgl. Tageskurabgabe für Gäste ohne Kurkarte, Anmeldung erforderlich.
Radführung: Die stimmungsvolle Tour folgt dem Ahrenshooper Kunstpfad. In der Saison jeweils 1. und 3. Do 14 Uhr ab Kunstmuseum. Anmeldung in der Kurverwaltung erforderlich.
Jazzfest: 4. WE im Juni. Livemusik von Jazzgruppen an mehreren Open-Air-Auftrittsorten, u. a. am Hafen Althagen
Tonnenabschlagen: 3. So im Juli, abends traditioneller Reiterball
Ahrenshooper Kunstauktion: 1. Sa im Aug. in der Strandhalle. Versteigert werden Werke von Künstlern aus Ahrenshoop und der gesamten Ostseeregion, Vorbesichtigung ca. drei Wochen lang möglich.
Lange Nacht der Kunst: 3. Sa im Aug. Alle Kunsthäuser, Galerien und Werkstätten haben bis Mitternacht geöffnet, verschiedene Veranstaltungen und Vorführungen, Eintritt 10 € (bis 18 J. frei).
Ahrenshooper Filmnächte: Sept. im The Grand. Viele Regisseure und Darsteller sind vor Ort.
Traditionelles Zeesfischen: 2. WE im Sept. ab Althäger Hafen.
Althäger Fischerregatta: 3. Sa im Sept. Die letzte Zeesbootregatta der Saison auf den Boddengewässern der Region mit Hafenfest, Markttreiben und Tanz.
Literaturtage: Ende Sept./Anfang Okt. Die größte Buchmesse Mecklenburg-Vorpommerns ist ein Tipp, genau

Das Leben ist kein Ponyhof? Ein Reiturlaub auf dem Fischland und Darß bedeutet genau das Gegenteil, inklusive gemeinsamem Bad von Ross und Reiter.

richtig zur Beginn der Lesezeit ... Lesungen und Vorträge an vielen verschiedenen tollen Orten in Ahrenshoop.

IN DER UMGEBUNG

Zum höchsten Berg der Region

Wunderschön ist das Wandern entlang der Steilküste zwischen Ahrenshoop und Wustrow (▸ S. 40). Etwa auf halbem Weg erhebt sich landeinwärts die flache Kuppe des **Bakelbergs** (🕮 C 4) – mit knapp 18 m über dem Meeresspiegel die höchste Erhebung des Fischlandes. Klingt nicht sehr beeindruckend, ist es aber. Der Blick über die Ostsee auf der einen und den Saaler Bodden auf der anderen Seite ist grandios.

Stille Winkel

In **Althagen** und dem sich anschließenden **Niehagen** (🕮 D 4) folgt ein stiller Winkel auf den anderen. Noch immer bestimmen Katen das harmonische Dorfbild. Ihre Bewohner verdienten ihren Lebensunterhalt in der Landwirtschaft, als Fischer auf dem Bodden und als Handwerker, bevor sie als Matrosen auf Segelschiffen anheuerten. Als Ortsteile gehören die Boddendörfer seit 1950 zur Gemeinde Ahrenshoop. Die Bäderstraße – in diesem Abschnitt Althäger bzw. Niehäger Straße genannt – verbindet sie, streift die Dörfer aber nur am Rande. Die Ruhe und Abgeschiedenheit schätzten seit jeher Maler, Schriftsteller und Töpfer.
Die Schriftstellerin und Fischland-Chronistin Käthe Miethe lebte in Althagen in einem Katen an der Dorfstraße (Nr. 20), in dem sie 1961 starb. Der renommierte Bildhauer und Grafiker Gerhard Marcks übernahm Anfang der 1930er-Jahre eine alte rohrgedeckte Büdnerei in Niehagen (Boddenweg Nr. 1): Von seinem Haus führte ein Pfad an den Bodden. Wegen seines Protests gegen die Entlassung zweier jüdischer Kolleginnen an der Kunstgewerbeschule Burg Giebichenstein musste er 1933 seinen Lehrstuhl in Halle räumen. Noch immer verzaubern diese kleinen Boddendörfer Künstler und Menschen, die auf der Suche nach Ruhe sind. Ein bildschöner Weg verläuft zwischen Schilfgürtel und Rohrdachkaten, vorbei an vielen Keramikwerkstätten (▸ S. 46).

Sehnsuchtsorte – **töpfern am Bodden**

Frei gebaut, geritzt und bemalt – um 1955 entwickelte das Künstlerpaar Frida und Wilhelm Löber in Althagen die berühmte Fischlandkeramik, anfänglich in Zusammenarbeit mit Arnold und Bärbel Klünder in Niehagen. Die Nachfahren von beiden Paaren töpfern noch heute – in alten Katen und Gehöften – mit freiem Blick über den Bodden.

Ohne das verwitterte Schild würde man den schmalen Pfad wohl übersehen, der dem alten Grenzgraben folgend zum **Dornenhaus** 2 führt. 1995 kaufte Friedemann Löber das seit dem Auszug des Gemeindekindergartens (1989) leerstehende und verfallende Gebäude und baute es zusammen mit seiner Frau (der Galeristin Renate Löber) wieder auf. Der Keramikmeister setzt die Tradition seiner Eltern fort: Vor Ort entsteht die berühmte Fischlandkeramik. Die blaugraue, seltener grüne Gebrauchskeramik zeigt Motive aus der Region: Fische, Libellen, Kraniche, Windflüchter ... jedes Stück ist ein Unikat. Nur hereinspaziert! Die große Diele strahlt Gemütlichkeit aus – vor allem im Winterhalbjahr, wenn im Ofen ein prasselndes Feuer Hände und Herzen wärmt.

Praktisch, nützlich und bildschön: Keramik aus der Werkstatt von Uta Löber

Wo alles begann

Dem Bernhard-Seitz-Weg folgend muss man einen kleinen Schlenker über die Althäger Straße in Höhe des Kunstmuseums machen, um gleich wieder in den H.-Abeking-Weg einzubiegen und diesem bis zum Ende folgen. Parallel zum Bodden verläuft nun der Wanderweg: Zur Linken schweift der Blick über Wiesen und Schilf, zur Rechten sind malerische kleine Gehöfte, von denen nicht wenige wirken, als hätten sie schon die Sturmflut von 1872 überstanden. Ein handgetöpfertes Schild verweist auf die **Keramikwerkstatt von Uta Löber**. Sie lebt und arbeitet – mittlerweile in der 3. Generation – in dem rohrgedeckten Katen, in dem einst die ersten feingeritzten Fischlandmuster entworfen wurden. Ihre Mutter Ella, die über Jahrzehnte in der Familienwerkstatt gearbeitet und das Dekor der Fischlandkeramik mitentwickelt und verfeinert hat, malte noch als 84-Jährige mit ruhiger Hand Fische und Insekten. Auch Uta fertigt Fischlandkeramik in traditioneller Ritztechnik – dünnwandig und zart sind ihrer gedrehten Gefäße. Hinzugekommen sind blaue Iris und gelbe Blüten. Kann man diesen kreativen und zauberhaft stillen Ort ohne einen Blütenteller verlassen?

In der Fulge

Der Wanderweg erreicht die Fulge. Das Haus Nr. 3 war zunächst das Sommerdomizil des Künstlerehepaars Fritz Koch-Gotha (sein bekanntestes Werk ist »Die Häschenschule«) und Dora Koch-Stetter. Nachdem sie in Berlin ausgebombt worden waren, ließen sie sich 1944 dauerhaft hier nieder. Ihre Tochter Barbara heiratete den Maler Arnold Klünder. Die beiden bauten eine Keramikwerkstatt auf, in deren Brennofen die ersten Stücke der später so berühmt gewordenen Fischlandkeramik gebrannt wurden. Nach dem Tod Arnolds übernahm Johann die väterliche Werkstatt – wo er heute gemeinsam mit seiner Frau Katharina arbeitet –, sie liebt kräftige Farben und geometrische Formen. Aber sehen Sie selbst. **Klünders Keramik** liegt versteckt hinter dichtem Liguster, Weißdorn und hohen Birnbäumen.

Alle Töpfer (es gibt mehr, als hier genannt) sind im Ortsplan mit einem K markiert. Einfach reinschauen! Sehr schön ist auch die **bunte Alltagskeramik von Josefine Spies**, Althägerstr. 52, www.toepferei-josefine-spies.de.

INFOS/ÖFFNUNGSZEITEN

Dornenhaus: ► S. 43

Uta Löber: Althäger Str. 70, T 038220 295, tgl. 11–17 Uhr

Johann und Katharina Klünder: Fulge 3, T 038220 264, www.kluender-keramik.de

Faltplan: D 4 | Cityplan S. 34

Der Darß

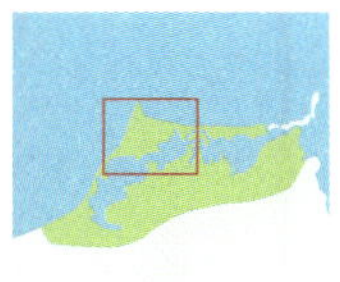

Born hat das Land, Wieck hat den Sand, Prerow den Strand. Kurz und treffend beschreiben die alten Zeilen den Charakter der drei traditionsreichen Fischer- und Bauerndörfer. Beim Bummel durch die teilweise noch kopfsteingepflasterten Straßen entdeckt man so manches Kleinod aus alten Zeiten. Die Boddenhäfen wirken heute eher verträumt als geschäftig. Das Ostseebad Prerow ist dank seiner traumhaften Strände das touristische Zugpferd der Region.

Born 🕮 E/F 3/4, Cityplan S. 54

Das hübsche Boddendorf lohnt einen Abstecher von der Bäderstraße. Eingebettet zwischen Wiesen, Wald und Bodden ging das Leben hier immer seinen eigenen Gang. Auch in der Zeit der Segelschifffahrt, als ein Großteil seiner Bewohner zur See fuhr, hielten die Borner immer an der Landwirtschaft und dem Fischfang fest.

Chillen am Bodden

Ihre Häuser und Gehöfte sind großzügig verteilt, viele nur durch einen Wiesenstreifen und den Schilfgürtel vom Boddenufer getrennt. Alle paar 100 m führen schmale Pfade zwischen den Häusern hindurch zu einer Lücke im Schilf, zu einem kleinen Stichhafen mit hölzernem Bootsanleger. Oftmals steht dort eine Bank, die zum Verweilen einlädt – mit Blick hinüber zu den Bülten genannten Gras- und Schilfinseln, auf denen manchmal auch ein Baum steht.

Jäger in Born

Der Darßer Wald war das Jagdrevier der Herrschenden. Wo später das Dorf Born entstand, unterhielten die Pommernherzöge ein Jagdhaus. 1635 beförderte der schwedische Reichskanzler Axel Oxenstierna den diensthabenden Jäger zum Oberförster. Um 1780 erhielt das morsche Haus der Oberförsterei eine neue Hofanlage mit mehreren Gebäuden. Seit 1996 befindet sich hier das **Forst- und Jagdmuseum Ferdinand von Raesfeld** 1. Raesfeld (1855–1929) hat sich als Förster um die Aufforstung des Darßwaldes verdient gemacht. Das wohl beeindruckendste Ausstellungsstück ist ein Ganzkörperpräparat zweier Hirsche im Brunftkampf (Chausseestr. 64, derzeit wegen Umbau geschl.). In den 1970er-Jahren wurde die Staatsjagd Born gegründet. Das nördlich des Dorfes neu erbaute Dienstgebäude im Darßer Wald beherbergt die Verwaltung des Nationalparks Vorpommersche Boddenlandschaft (Im Forst 5, keine Besichtigung).

Unterwegs im Dorf

Der **Hafen** 2 ist ein günstiger Ausgangspunkt für einen Dorfbummel, parken kann man hier (mit Parkscheibe), auch in schönem Ambiente (bio) speisen, nach den Zeiten für Bootsausflüge schauen und dann einfach mal losbummeln.
Den Hafen im Rücken folgt man der Chausseestraße, egal ob rechts herum oder links herum, denn sie umschließt in einem markanten 90 Grad Winkel das alte **Schulzentrum** – heute ist es die Spielstätte des **Darßer Sommertheaters** 3 sowie Veranstaltungsort der Borner Maskenbälle. Eine Ausstellung der Masken befindet sich in der alten **Gutzmann-Schule** 4, Chausseestr. 90. Man kann von außen durch Gucklöcher in den Fenstern hineinschauen.
Mittendrin im Schulkomplex steht noch ein riesiges flaches Gebäude als Relikt aus DDR-Zeiten. Es bildet einen beachtlichen Kontrast zu den vielen bildhübschen holzverschalten Fachwerkhäuschen drumherum.

Peterssons Hof

Im Bäckergang baute Kapitän Carl von Petersson 1833 den **Peterssons Hof** 5, das erste Hotel auf dem Darß, das es auch heute noch gibt. Die 400 bis 500 Jahre alte (mittlerweile arg heruntergeschnittene) Linde vor dem Haus bildete seit jeher den Mittelpunkt des Dorfes.
Ein besonders beliebtes Fotomotiv ist auch das in kräftigem Gelb gehaltene Haus in der **Schulstr. 2** 6, mit Rohrdach und viel Deko im gepflegten Vorgarten. Der Briefkasten ist eine Kopie des Hauses.

Fischerkirche

Die am Rande des großen Festplatzes gelegene **Fischerkirche** 7 erreicht man über die Straßen Im Moor, Bäckergang und Kirchweg. Der 1934/35 nach einem Entwurf des Hamburger Architekten Bernhard Hopp errichtete Holzbau passt mit Rohrdach, kleinen gesprossten Fenstern und Holzschalung gut zu der traditionellen Bauweise Borns. Dem hohen, hölzernen Tonnengewölbe verdankt die Kirche ihre ausgezeichnete Akustik. Die Orgel aus dem Jahr 1991 war das Meisterstück des (Plauer) Orgelbauers Andreas Arnold.

Kirchweg, in der Saison geöffnet, Gottesdienste Sa 18 Uhr/ im Winter jeden 4. So um 14 Uhr. Sehr stimmungsvoll sind die Konzerte und literarisch/ musikalische Abende (in der Saison Mo und Fr)

In fremden Betten

Genießen am kleinen Hafen

Walfischhaus 1

Die Lage ist ebenso nett wie das ganze Ambiente, sieben Zimmer mit nordischem Flair, vier davon mit Terrasse oder Balkon mit Hafenblick. Im Café-Restaurant werden die Speisen frisch zubereitet, vorzugsweise mit Produkten aus der Region – Fisch aus Bodden und Ostsee, Rindfleisch vom Darß und vegetarische Gerichte (Do–Di ab 12 Uhr).

Chausseestr. 74, T 038234 557 84 (Pension), 038234 55786 (Restaurant), www.walfischhaus.de, DZ €€, Restaurant €€–€€€

ES WAR EINMAL ...

Der Name **Ibenhorst** erinnert an die Eiben, die einst im Darßwald (▶ S. 52) standen. Heute gibt es nur noch wenige Exemplare. Eiben wachsen langsam, ihr festes, schön gemasertes Holz war begehrt und fand u.a. als Innenraumvertäfelung in den dänischen Schlössern Amalienborg und Rosenborg Verwendung, wo man es noch heute bewundern kann (Born gehörte von 1715 bis 1720 zum Königreich Dänemark).

Im Darßer Wald

Jugendherberge Born-Ibenhorst 2

Die Herberge liegt etwa 3 km außerhalb von Born mitten im Darßer Wald. Man wohnt in 12 Bungalows, Schwedenhäusern aus Holz (alle Zimmer mit Dusche/ WC) oder im Zelt. Zum Weststrand sind es durch den Wald knapp 3 km. Nicht weit zu Fuß, aber mit dem Rad (Verleih vor Ort) geht's noch schneller.

Ibenhorst 1, Born, T 038234 229, www.jugendherberge.de, Übernachtung (April–Okt.) €

Wie ein Zauberwald wirken die Bäume im goldenen Nachmittagslicht: Pfeifengraswiesen gehen über in Blaubeer-Kiefernwald, gesäumt von dunklen Erlenbrüchen und schmalen Streifen heller Birken.

Wild, schön und dicht am Meer – **der Darßwald**

Wenige Kilometer hinter dem lichtdurchfluteten Künstlerdorf Ahrenshoop verschwindet die Autostraße im grünen Schweigen des Darßwaldes. Man sieht den Wald vor lauter Bäumen nicht? Eher im Gegenteil: Vor lauten Bäumen sieht man nur den Wald. Meer und Bodden scheinen Lichtjahre entfernt, wenn man links auf den Parkplatz Drei Eichen abzweigt.

Die große Informationstafel am nördlichen Ausgang des Parkplatzes lässt keinen Zweifel daran, dass man mitten drin ist, in einem ganz besonderen Wald. Im Südosten des gut 5000 ha großen Waldgebietes erstreckt sich der **Altdarß** – ein vor 18 000 Jahren von den Schmelzwasserströmen der Gletscher der letzten Eiszeit geschaffener Inselkern.

Im Wald, wo einst die Fische schwammen

Mannshoher Adlerfarn säumt den Mecklenburger Weg, der vom Parkplatz Richtung Nordosten führt. Nach links zweigen die Wege zum Meer ab, doch erst einmal geht es weiter geradeaus zum ehemaligen Meeresufer. Das heute noch bis zu 8 m hohe Kliff, an das vor drei Jahrtausenden noch die Ostsee brandete, zieht sich quer durch den Wald und ist gekrönt von prachtvollen Buchen. Dass sich hier nach der Eiszeit noch die Fische tummelten, ist nur schwer vorstellbar.

Man sieht nur, was man weiß

Nördlich des Kliffs schließt sich der geologisch sehr junge **Vordarß** an. Er entstand in Etappen – analog zum Meer – durch Anlandung, die vor etwa 3000 Jahren begann. Deutlich sichtbar wechseln Dünenhöhen mit Dünentälern, der Höhenunterschied liegt oft unter einem Meter, ist aber für die Vegetationsentwicklung von entscheidender Bedeutung: Auf den trockenen, oftmals mit Buchen bestandenen Strandwällen (Reffen genannt)

Etwa ab Mitte September beginnt die **Paarungszeit der Rothirsche**. Ein grandioses Naturschauspiel, u.a. auf der Buchhorster Maase, einer 54 Hektar großen Lichtung im Darßer Wald. Die begehrten **Exkursionen** am besten **früh buchen**: www.nationalpark-vorpommersche-boddenlandschaft.de

wächst eine andere Flora als in den feuchten, moorigen Senken (Riegen) mit Erlen, verschiedenen Weidearten und Birken. Immergrüner Efeu und Jelängerjelieber umschlingen viele Bäume.

Ein Urwald?

Der Eindruck täuscht. Bis zur Gründung des Nationalparks (1990) wurde der **Darßwald** forstwirtschaftlich genutzt. Schnurgerade Entwässerungsgräben durchziehen den Wald. Jahrhundertelang wurde hier Holz geschlagen. Großflächigen Kahlschlägen folgte die Aufforstung mit schnellwüchsigen Nadelhölzern, die heute düstere Stangendickichte bilden. Um die Jagdfreuden und -erfolge zu erhöhen, wurden Hirsche mit Futter gelockt. Entsprechend (zu) hoch war der Wildbestand, der an den Jungbäumen knabberte.

Baden in Waldluft. Sonnenwarmer Strand. Einfach perfekt.

Haltlos am Meer

Nur ein paar Schritte sind es von mitten im Wald bis an den Strand: Vorhang auf für den **Weststrand** – den wildesten und schönsten Strand der Ostsee. Im Sommerhalbjahr wirkt das Meer meist milde, aber man kann ahnen, wie die Herbst- und Winterstürme gegen das Land wüten. Mächtige alte Buchen und Kiefern hängen über dem Abgrund, stürzen haltlos auf den Strand – als sie jung waren, lag ihr Standort noch 100 oder 150 m vom Strand entfernt. Die Strömung transportiert den freigespülten Sand und die losgerissene Erde gen Norden zum Darßer Ort. Das Meer gibt, das Meer nimmt.

INFOS

Führungen im Nationalpark: Termine und Anmeldung unter www.nationalpark-vorpommersche-boddenlandschaft.de

Wilder Wald am Meer: Die 6 km lange Wanderung mit einem Ranger durch den Darßwald an den Weststrand findet jeden Mittwoch statt. Treffpunkt am Parkplatz Drei Eichen 11 Uhr, Dauer 3 Std., Teilnehmerzahl begrenzt, Teilnahme kostenlos; Spenden willkommen.

Faltplan: D/E 2/3

BORN

Sehenswert
1. Forst- und Jagdmuseum Ferdinand von Raesfeld
2. Hafen
3. Darßer Sommertheater
4. Gutzmann-Schule, Maskenausstellung
5. Peterssons Hof
6. Schulstr. 2
7. Fischerkirche

In fremden Betten
1. Walfischhaus
2. Jugendherberge

Satt & glücklich
1. Peterssons Hof-Café
2. Mühle Born

Sport & Aktivitäten
1. Gut Darß
2. Reiterhof Kafka

Satt & glücklich

Sehr nett, auch ohne Findus

Peterssons Hof-Café 1

Mit Petterson und Findus hat es nichts zu tun, aber nicht nur der Name versetzt in Urlaubsstimmung. Draußen im hübschen Vorgarten frühstücken – auch drinnen ist es nett –, nachmittags Köstlichkeiten aus der eigenen Patisserie. Für Selbstbedienung sind die Preise allerdings ziemlich happig.
Baeckergang 12b, T 038234 55 73 50

Fisch vom Fischer

Mühle Born 2

Die Mühle ist keine echte Mühle, ein Besuch lohnt sich aber trotzdem. Hier wird moderne Landhausküche mit Liebe gekocht, frisch und regional sowie mit Freundlichkeit serviert. Im Winter ist

die Mühle Born nur abends geöffnet, im Sommer gibt es nachmittags auch selbstgebackenen Kuchen im Garten.
Nordstr. 25, T 038234 472, www.muehle-born.de, €€–€€€

Sport & Aktivitäten

Klettern und Büffel gucken
Erlebnishof Gut Darß 1 (▸ S. 56)

Grüne Hufe
Reiterhof Kafka 2
Ponyführen und Unterricht, je nach Wetterlage in der Reithalle (die einzige zwischen Ribnitz-Damgarten und Barth). Angeboten werden auch Ausritte, Kremser- und Kutschfahrten.
Grüne Hufe 6, T 0170 756 94 95, www.reiterhof-kafka.de

Infos & Termine

Kurverwaltung Born: Chausseestr. 73b, 18375 Born auf dem Darß, T 038234 504 21 (erreichbar 8–21 Uhr), www.darss.org, ganzjährig Mo–Fr 9–17, Mai, Juni, Okt. zusätzlich Sa 10–15, Juli–Sept. Sa/So 10–15 Uhr
Kulturstrat: Kultur- und Geschichtsinteressierte können den (mittlerweile insgesamt 24) alten Buhnenpfählen folgen – Infotafeln erzählen Geschichten über die Borner Häuser und deren Bewohner (Lage und kurze Beschreibung unter https://www.darss.org/de/Kunst-Kultur/Galerien-und-Ateliers/).
Borner Maskenbälle: Sa im Jan./Anf. Feb. Die Kostüme und Masken entstehen in Handarbeit in den Wintermonaten. Gäste sind willkommen, aber nur wer eine Maske trägt, darf zum Tanz auffordern.
Fastnachtstonnenabschlagen: 3. Sa im Feb. Ein Zug kostümierter Reiter zieht durch das geschmückte Dorf zum Tonnenabschlagen am Festplatz.
Darßer Sommertheater: Ja, ja, ja. Sie sollten das Treiben der Heiden von Kummerow live erleben. Wie es ist? Individuell, charmant, witzig, berührend. Spielort ist die Freilichtbühne Born (mit überdachter Zuschauerbühne).
Chausseestr. 90, Born, Kartenvorbestellung T 038234 504 21, www.darss-festspiele.de, in der Saison in der Regel Mo, Mi, Fr und einige So.

Tonnenabschlagen: 1. So. im Aug. Mit berittenem Festumzug, Tonnenball, zünftigem Essen und Trinken.

In der Umgebung

Holprige Wege führen von Born bzw. von der Bäderstraße nach **Bliesenrade**. Die malerisch auf einer Landspitze im Bodden gelegene Siedlung (heute ein Ortsteil von Wieck) wurde erst im Jahre 1953 an das allgemeine Elektrizitätsnetz angeschlossen. Mitte des 19. Jh. lebten hier noch 90 Einwohner, eine Fähre verkehrte über den Bodden nach Bodstedt. Heute stehen hier nur noch ein paar Wohn- und Wochenendhäuser und ehemalige Höfe. Wer seine Ruhe haben will, ist hier goldrichtig. Der Boddenblick ist grandios, die Zufahrt über die holprige Betonpiste aber etwas mühselig (Ferienwohnungen unter www.ferien-darss.de).

Darßidylle – viel fotografiert und fast zu hübsch, um wahr zu sein.

Auf den Büffel gekommen – **Gut Darß in Born**

Bedächtig schreitet eine Herde Wasserbüffel durch die feuchten Uferwiesen nahe dem alten Hafen. Die robusten, genügsamen Tiere fressen Schilf, Binsen, harte Gräser, sogar Disteln. Dürfen die das, mitten im Nationalpark Vorpommersche Boddenlandschaft? Ein Besuch auf Gut Darß.

Durch die Beweidung verhindern die Exoten mit den kühn gebogenen Hörnern das Verschilfen der unzugänglichen Feuchtwiesen. Landschaftspflege ohne den Einsatz von Maschinen, das ist großartig und im Einklang mit dem Naturschutz. Seit Anfang der 1990er hat sich das ehemals Volkseigene Gut (VEG) am nördlichen Dorfrand zu einem vielfältigen Ökobetrieb entwickelt.

Enttäuschte Erwartungen? Nein.

Wer einen kleinen, netten Biohof erwartet, wird enttäuscht. Auf den ersten Blick wirkt **Gut Darß** 1 unpersönlich. Ein riesengroßer, effizient geführter Betrieb für biologische Fleischproduktion. Zum Gut gehören außer den rund 230 Wasserbüffeln rund 3500 Rinder, 2700 Schafe, nur noch neun Ziegen (weil sie zu stur waren und viel kaputt knabberten) sowie ein Pferdegestüt. Auf dem weitläufigen Betriebsgelände dominieren modernisierte LPG-Stallungen und riesige Hallen. Besucher werden vor dem Hofcafé begrüßt, bezahlt wird im Hofladen. Beim Warten kann man schon mal einen Blick auf die Speisekarte werfen: Wasserbüffel-Bio-Burger, das klingt interessant. Aber erst einmal zuhören. Wer an einer Führung teilnimmt, darf in Überzieher für die Schuhe schlüpfen und sich auf dem Betriebsgelände umschauen.

Wo sind die Wasserbüffel?

In einem riesigen Laufstall stehen gemütlich kauende Kühe. Die Ställe sind in drei Bereiche aufgeteilt: Laufstall, Kälberbereich und Mast- und Auf-

T
TRAKTOR

4700 ha Fläche bewirtschaftet das Gut. Der Fuhrpark (überwiegend der Marke Fendt) ist entsprechend gewaltig. Jeder Treckerfahrer hat hier seinen eigenen Traktor und darf ihn nach Wunsch gestalten!

Nur kein Stress – sich auf der Weide am Schilfufer suhlen, fressen, geduldige Fotografen beschnuppern … und sich auch kraulen lassen? Wohl eher nicht.

zucht. Ein Großteil der Anlagen ist verlassen, die Tiere auf der Weide. Der Frühjahrsaustrieb startet Anfang Mai. Dann werden Mutterkühe und Kälber innerhalb von zehn Tagen auf den landwirtschaftlichen Flächen in der Umgebung verteilt, die Hälfte davon liegt im Nationalpark Vorpommersche Boddenlandschaft. Auch die Wasserbüffel gehen ihrem Job als Landschaftspfleger nach. Oft sind aber trotzdem einige von ihnen vor Ort. Freundlich gucken sie und sehr neugierig.

INFOS/ÖFFNUNGSZEITEN

Gutsbesichtigung 1: Am Wald 26, Born, T 038234 50 60, www.gut-darss.de, Start in der Regel am Hofcafé, Zeiten s. Website, Erw. 7 €, Kinder 4 €
Hofcafé/Gutsküche: Kuchen, herzhafte Snacks und Gerichte von hofeigenen Bio- und Wildprodukten, im Sommer tgl., im Winter Mi–So 12–20 Uhr
Wildschwein am Spieß: Mai–Okt. 1–3 Tage/Woche ab 18 Uhr *(all-you-can-eat)*
Eisladen Kalte Kuh: in der Saison 10–17 Uhr
Hofladen: vor allem Fleisch – vom Rind, Kalb, Lamm und Büffel, aber auch das hofeigene Bier Bullenbräu, www.biofleisch-kaufen.com, Mo–Fr 9–17, Sa 9–14 Uhr
Erlebnishof: Kinder würden am liebsten jeden Tag hierher kommen. Das Gut bietet viele Attraktionen für Familien, darunter Natur-Minigolf und einen Kletterwald (in der Saison tgl. 9–19 Uhr).
Übernachten: In komfortablen reetgedeckten Ferienhäuser und Doppelhaushälften. Hunde und Pferde willkommen!

Faltplan: E 3 | Cityplan S. 56

Wieck F/G 3

Was auf Born zutrifft, gilt auch für das ehemalige Fischerdorf Wieck. Der beschauliche Erholungsort erstreckt sich fern der Bäderstraße entlang einer Bucht (das bedeutet Wieck) am Bodden. Im Zentrum des Dorfes und Geschehens befindet sich die Darßer Arche – das Nationalpark- und Gästezentrum ist der erste Anlaufpunkt für alle Gäste.

Darßer Arche

Natur und Tourismus sind in Wieck kein Widerspruch. Sanfter Tourismus ist das Ziel der ganzen Region. Die Ausstellung des Nationalpark- und Gästezentrums **Darßer Arche** 1 wird nach und nach erneuert, sie informiert den Besucher über die Entstehung der Landschaft und veranschaulicht die verschiedenen Lebensräume des Nationalparks Vorpommersche Boddenlandschaft und das Miteinander von Mensch und Natur. Eindrucksvoll ist das Wiecker Bernstein- und Fossilienzimmer mit gesammelten Naturschätzen vom Darß. Die Arche wurde 2000 in einem modernen, mit Solarenergie betriebenem Bau in Form eines Schiffes eröffnet. Im alten Schulgebäude nebenan befindet sich die **Galerie Künstlerdeck.**

Darßer Arche: Bliesenrader Weg 2, T 038233 201, www.darsser-arche.de, Juni–Sept. tgl. 9–17, Mai/Okt. tgl. 10–17, April tgl 10–16, Nov.–April Di–Sa 10–16 Uhr, 3,50 €; **Galerie:** www.kuenstlerdeck.de, T 038233 70 38 12, Mo–Fr 10–16 Uhr

»Wunderbares Wieck
Seele geht auf Wanderschaft
Ruhe kommt zurück«

Der Lobpreis ist einer japanischen Gedichtform, dem Haiku, nachempfunden. Seine 17 Silben entsprechen dem Maß eines Atemzuges.

Müggenberg, Bauernreihe, Hafen

Für einen Bummel durch das beschauliche Dorf sollte man ein bisschen Zeit einplanen, um die netten Besonderheiten zu entdecken: eine alte Büdnerei, einen hübschen Garten, eine farbenfrohe Haustür. Von der Darßer Arche führt die Straße **Müggenberg** weiter gen Osten. Linker Hand passiert man die Töpferei von Annette Korn (siehe unten). Der Müggenberg geht in die **Bauernreihe** über. Nicht herausgeputzte und darum fast unauffällige alte Fischerhäuser findet man in der Bauernreihe Nr. 14 und Nr. 4 (in unmittelbarer Nähe des Hafens).

Der **Wiecker Hafen** südlich der Bauernreihe bietet bemerkenswert viel freie Fläche: Eine ruhige familienfreundliche Idylle mit Liegewiese und kleiner sandiger Badebucht. Ein hölzerner Steg dient als Sprungbrett, ein größerer Steg führt zur Anlegestelle für die Fahrgastschiffe. Wer Lust hat, auf dem Bodden zu paddeln, kann sich ein SUP-Board aus dem Container am Hafen nehmen (per Handy online mieten).

Vom Hafen aus kann man noch ein Stück weiter gen Osten bummeln. Ein schöner, 15–20-minütiger Rundgang führt durch die beiden alten Dorfstraßen **Nordkaten** und **Südkaten**. Im Restaurant Nordkate steht bodenständige Hausmannskost auf der Karte (www.nordkate.de).

Genussvoll schlummern und schlemmen

Haferland 1

Die Hotelanlage besteht aus mehreren miteinander verbundenen Reetdachhäusern. Sie liegt gegenüber dem Wiecker Hafen. Inklusive Schwimmbad mit Blick in den weitläufigen, naturnahen Garten, in dem auch frische Kräuter, Blüten und Früchte für die drei hauseigenen Restaurants geerntet werden. Von allem Essbaren dürfen die Gäste naschen.

WIECK

Sehenswert
1 Darßer Arche/Tourist-Information

In fremden Betten
1 Haferland
2 Teekaten

Stöbern & entdecken
1 Töpferei am Müggenberg

Bauernreihe 5a, Wieck, T 038233 680, www.hotelhaferland.de, DZ/FeWo €€–€€€

Ein Ort zum Wohlfühlen
Teekaten 2

Das reetgedeckte Fachwerkhaus war einst berühmt für gemütliche Teestunden, seit langem beherbergt es vier hübsche Ferienwohnungen (für 2–4 Pers.), zwei ebenerdig, zwei unterm Rohrdach, Stockrosen stehen vor der Tür, Stühle und Sitzgelegenheiten im Innenhof, auf der Terrasse oder im Garten.

Brake 5, Wieck, T 01577 183 81 69,, www.darsser-teekaten.de, FeWo €€

Regionale Spezialitäten
Bio-Markt

Auf dem Markt vor der Darßer Arche 1 gibt's viel Handgemachtes und selbst Angebautes – Obst und Gemüse, Wurst und Fleisch, Käse, Nudeln, Sanddorngelee, Marmeladen, Honig, Brot, Vollkorngebäck, Gestricktes und Handgewebtes.

Mai–Okt. Mi und Sa 9–13 Uhr

Muschelkeramik
Töpferei am Müggenberg 1

Die sanften Farben der dünnwandig gedrehten Gefäße erinnern an Strand und Meer: außen ein leuchtendes Türkis, ein Wassergrün oder ein gedecktes Blaugrau, innen fast weiß wie der Strandsand. Und in fast allen Stücken entdeckt man eine eingestempelte Muschel.

Müggenberg 9, T 038233 697 16, www.muschelkeramik.de, in der Saison tgl. ab 11 Uhr, s. auch aktuellen Aushang. Vermietet wird auch eine charmante Ferienwohnung für 3 Pers. direkt an der Töpferei mit Blick auf den Bodden

INFOS & TERMINE

Kur- und Tourist GmbH Darß: Bliesenrader Weg 2 (im Foyer der Darßer Arche), 18375 Wieck a. Darß, T 038233 201, www.erholungsort-wieck-darss.de

Historischer Rundgang: Ein 90-minütiger Spaziergang durch Wieck führt zu 13 Tafeln mit Motiven historischer Postkarten, die den direkten Vergleich von früher und heute erlauben. Start und Flyer in der Darßer Arche.

Führungen ab Darßer Arche: Ortsführung Mai–Okt., Mi 10–12 Uhr

Tonnenabschlagen: 4. So im Juni

Darßer NaturfilmFestival: Okt., Hauptveranstaltungsorte sind die Darßer Arche in Wieck und der Kulturkaten Kiek In in Prerow. Gezeigt werden 14 für den Deutschen Naturfilmpreis nominierte Filme. Zum Programm gehören viele Exkursionen – es ist Zugvogelzeit (Info: www.deutscher-naturfilm.de)!

Die Zeesenfischerei gehört zwar der Vergangenheit an, aber noch immer prägen die robust gebauten Segelschiffe das Erscheinungsbild der Boddenküste.

EINFACH MAL TREIBEN LASSEN

Im **Wiecker Hafen** liegen einige **Zeesenboote.** Viel Zeit und handwerkliches Geschick braucht es, um diese traditionellen Fischerboote zu erhalten. Dass sie nicht vom Bodden verschwunden sind, ist auch einem Bodstedter Fischer zu verdanken, der 1965 zur ersten **Regatta** aufrief. Seit 2018 zählen die Zeesenboote zum immateriellen Kulturerbe der UNESCO Deutschland. Rotbraun sind ihre Segel, mal dunkler, mal ein bisschen heller: In früheren Zeiten wurden sie mit Holzteer, Lebertran, Gerblauge aus Eichenrinde und Rindtalg imprägniert, um sie haltbarer zu machen. Jeder Schiffer hatte sein eigenes Rezept, so wie auch jedes Zeesenboot seine eigene Geschichte hat. Von Ostern bis zur Kranichzeit im Herbst werden von vielen Boddenhäfen **Zeesbootfahrten** angeboten. Das ist Ihre Chance, sich einfach mal treiben zu lassen (www.braune-segel.de; s. Einträge im Faltplan).

Prerow

🕮 F/G 2, Cityplan S. 64

Kapitäns- und Rohrdachhäuser mit bildhübschen Darßer Haustüren prägen das harmonische Ortsbild des ehemaligen Fischer- und Seefahrerdorfes. Das Ostseebad am Prerowstrom ist besonders berühmt für seine atemberaubenden Strände und den urwüchsigen Darßer (Ur)Wald.

Auf den Spuren der Geschichte

Ein ganzer Landstrich aus Seesand – heute sind die weißen steinfreien Sandstrände das Kapital des Ostseebads Prerow. In früheren Zeiten hätte man gerne auf sie verzichtet. Bis um 1700 war das Leben der Prerower von Entbehrung geprägt. Weit abgeschieden von Handelswegen war man weitestgehend auf sich gestellt und lebte von dem, was die Umgebung hergab: die Gewässer (vor allem der Bodden) boten Fische, der Wald gab Holz, Beeren, Kräuter, Pilze und Wild. Das Rohr für die Bedachung der Häuser wuchs am

Bodden, auf den Wiesen das Gras für das Vieh, angebaut wurde nichts, der Boden war zu karg. Seit dem 17. Jh. betrieben die Prerower Seefahrt. Sie galten (wie auch die Wustrower und Zingster) als zuverlässige und erfahrene Seeleute, die als Steuermänner und Kapitäne alle Weltmeere befuhren. In der Mitte des 19. Jh. verdienten noch etwa 90 % der Männer den Lebensunterhalt auf See. Im Ort gab es drei Schiffswerften, viele Dorfbewohner waren selber Schiffseigner oder Mitbesitzer eines Segelschiffes. Der erwirtschaftete Wohlstand zeigt sich bis heute in den bildhübschen Wohnhäusern, die vom Hafengebiet ausgehend immer entlang alter Dünenzüge in Ost-West-Richtung zum Meer hin gebaut wurden. Die zwischen den Dünenkämmen liegenden feuchten Senken, die im Frühjahr oft unter Wasser standen, blieben unbebaut. Noch heute findet man mitten im Ort weite offene Flächen, bei deren Anblick es so manchem Investor in den Fingern juckt. Prerow boomt, es wird viel gebaut, erstmals auch nicht mehr nur einstöckig. Tipp: Eine hervorragende Beschreibung der traditionellen Darßer Häuser und Bauweisen findet man auf der Website www.darsser-baukultur.de.

AUF DEN SPUREN DER STURMFLUT

In der Nacht vom 12. zum 13. November 1872 brach eine gewaltige Sturmflut über die südliche Ostsee herein. Ostsee und Bodden strömten schäumend über dem flachen Landstrich des Darß zusammen. Der Orkan verschluckte Dörfer und Wald. Prerow gehörte zu den am härtesten getroffenen Orten und trug dauerhafte Narben davon. Anlässlich des 150. Jahrestages der Naturkatastrophe wurde 2022 der 10 km lange **Sturmflut-Erkundungsweg** eröffnet, der mit zehn Informationstafeln an die Ereignisse erinnert. Als Startpunkt bietet sich z. B. der Parkplatz am Bernsteinweg an. Einen Flyer zu dem Geschichtspfad erhalten Sie in der Touristeninformation oder Sie schauen im Internet unter www.fischland-darss-zingst.net/fdz/prerow/geschichtliches/sturmflut-erkundungsweg-prerow.php nach. Es werden auch regelmäßig Führungen angeboten (Termine s. Veranstaltungskalender).

WAS TUN IN PREROW?

Das weitgestreckte Seebad überrascht mit harmonischer, überwiegend eingeschossiger Bebauung. Der Übergang von der Segelschifffahrt zum Bäderwesen verlief fließend. 1881 zählte man 231 Badegäste, 1910 waren es bereits 3630. Der Ortskern verlagerte sich, die Urlauber wollten näher am Strand wohnen. Das alte Dorf um den Hafen am Prerowstrom verlor an Bedeutung. Die zentrale Straße – mit Geschäften, Cafés, dem **Haus des Kur- und Tourismusbetriebs** 1 und dem Darß-Museum – ist heute die Waldstraße, die den Ort von West nach Ost quert und im Wald endet. Bei einem Spaziergang, auch durch die Seitenstraßen, entdeckt man Büdnereien, Fischer- und Seefahrerhäuser – zu einem bedeutenden Teil mit Rohr gedeckt. Ihr besonderes Kennzeichen waren und sind die geschnitzten und reich verzierten Darßer Türen (► S. 62).

Eintauchen in die Geschichte

Mitbegründerin und erste Direktorin des **Darß-Museums** 2 war Gerta Anders, die das sehr lesenswerte, kenntnisreiche Buch »Die Halbinsel Darß und Zingst« geschrieben hat (1956 erstmals erschienen und regelmäßig neu aufgelegt). Ihr zu verdanken, ist die Pflanzenausstellung mit frisch gepflückten Blumen, Kräutern und Sträuchern der Halbinsel. Das vielseitige Museum präsentiert Wissenswertes über die Entstehung der Küste, den Alltag der Fischer, die Geschichte des Seebads sowie die Künstler der Region. Zu den herausragenden Ausstellungsstücken gehören

Tradition bewahren – **Darßer Türen**

Yoga in Indien, Reggae in Jamaika, Pizza in Italien – die UNESCO setzt sich weltweit für die Erhaltung des immateriellen Kulturerbes ein. Altes Wissen und Können soll gepflegt und weitergegeben werden. Lassen auch Sie sich von den Kulturerben in den Bann ziehen – nein nicht in Indien oder Italien, sondern auf dem Darß.

Darßer Türen und Zeesenboote gehören seit 2018 zum immateriellen Kulturerbe der UNESCO Deutschland. Bereits 2014 wurde die Reetdachdeckerei in das bundesweite Verzeichnis aufgenommen. 2016 folgten das Tonnenabschlagen und das Barther Kinderfest. 2024 gab es in Deutschland 150 immaterielle Kulturerbe – u. a. Traditionen, Musik, Kulinarisches, Handwerk.

Tritt ein, bring Glück herein

Schöne Haustüren haben eine lange Tradition auf dem Darß. Bereits Mitte des 18. Jh. verzierte man die vorwiegend noch einfachen Brettertüren mit Ornamenten. Die dekorativen Elemente waren meist in der maritimen Kultur verankert. Vielen Motiven werden unterschiedliche Bedeutungen beigemessen. Der Anker symbolisiert die Verbundenheit mit der Schifffahrt und steht zugleich für eine glückliche Heimkehr der Seeleute. Lebensbäume, Sonnensymbole und Tulpensträuße verkörpern Leben und Fruchtbarkeit, aber auch den Wohlstand, denn Tulpen waren in jener Zeit überaus selten und kostbar. Mit dem Niedergang der Seefahrt nach 1900 verloren die Türen an Bedeutung. Viele Häuser wurden nur notdürftig instand gehalten, die Türen verzogen sich, sie klemmten, galten als unmodern. Bunt waren sie ohnehin selten gewesen, oft hatte man sie nur mit Bootsfarbe wetterfest gemacht.

Der Begriff ›Darßer Tür‹ ist übrigens patentrechtlich geschützt. Er darf nur für Türen verwendet werden, die mit der **Kunst-Tischlerei Roloff** in Verbindung stehen. Der Familienbetrieb existiert bereits seit 1832.

Wo immer die Sonne lacht

Erst als die Gemeinde Prerow durch den aufblühenden Bädertourismus reicher wurde, änderte sich das. Auslöser war die Farbgestaltung des neu erbauten Gemeindehauses 1931. Im Auftrag des Bür-

germeisters schuf der ortsansässige Maler und Graphiker Theodor Schultze-Jasmer zusammen mit der Tischlerei Roloff eine Haustür, die zum Wahrzeichen des Darß werden sollte. Sie zeigt eine aufgehende Sonne über einem Strauß mit drei roten Tulpen, darunter eine stilisierte Blütenranke – in wunderbar klaren, kräftigen Farben. Eine kleine Sensation, die Begeisterung hervorrief und Schule machte. Das Interesse an den Darßer Türen war geweckt

Bei Interesse an einer Darßer Tür, auch in Miniatur, können Sie sich von den Brüdern René und Dirk Roloff in ihrer Werkstatt in der Lange Straße beraten lassen. Die beiden sind Türenmacher in sechster Generation.

Von Tür zu Tür

Durch die Tür von 1931 betritt man heute das **Haus des Kur- und Tourismusbetriebs** 1 am Gemeindeplatz. Hier gibt es den Flyer zum **Darßer Haustürenpfad,** der zu besonderen Türen führt. Aber genauso gut kann man einfach durch die Straßen schlendern. Vom Gemeindeplatz beispielsweise durch die **Waldstraße** zum **Kulturkaten** 2 (Nr. 42) mit einer Tür in leuchtenden Farben. Auch das **Darß-Museum** 2, die **Teeschale** 1 und die **Heimatgalerie** 1 in der Waldstraße betritt man durch schöne Türen. Weitere Türen sind in der **Buchenstraße** (zwischen Nr. 12 und 26) zu entdecken. In der **Grünen Straße** (Nr. 8) liegt das **Haus Theodor Schultze-Jasmers (Eschenhaus)** 3. 1779 erbaut, gehört es zu den ältesten Fischerkaten auf dem Darß. Auch hier grüßen eine aufgehende Sonne und ein Tulpenstrauß – gemütlich unter einem tiefgezogenen Rohrdach. Mehrere Häuser mit Darßer Türen säumen die **Lange Straße,** in der auch die **Kunst-Tischlerei Roloff** 2 liegt. Selbstverständlich ist auch ihre Tür ein Meisterwerk.

INFOS

Literatur: »Das kleine Buch der Darßer Haustüren« von Frank Braun und Renè Roloff, erhältlich im Haus des Kur- und Tourismusbetriebs.

FÜHRUNGEN

Ortsführung: Darßer Haustüren, Kunst und Handwerk auf dem Darß, April–Okt. Fr. 14–16 Uhr, Info und Anmeldung in der Touristeninformation.

Faltplan: F/G 2 | Cityplan S. 64

Sehenswert
1 Haus des Kur- und Toursimusbetriebs
2 Darß-Museum
3 Haus Theodor Schultze-Jasmers
4 Hafen am Prerowstrom
5 Drümpel
6 Seemannskirche und Friedhof
7 Alte Apotheke
8 Vogels Warte
9 Blockhaus-Villa
10 Seebrücke

In fremden Betten
1 Quartier Carpe Diem
2 Gingko Mare Bio-Hotel
3 Sterngucker
4 Regenbogen Camp Prerow

Satt & glücklich
1 Teeschale
2 Restaurant Seeblick

Stöbern & entdecken
1 Heimatgalerie Prerow und Darßer Bernsteinmuseum
2 Tischlerei Roloff
3 Gaude Kost
4 Kunst formt Garten

Sport & Aktivitäten
1 Kino
2 Kulturkaten Kiek In
3 Darßtour
4 Kutschfahrten Reittouristik Bergmann

— Darßer Haustürenpfad (► S. 63)

Darßer Haustüren und Stuben aus der glanzvollen Zeit der Segelschifffahrt. In der Saison besteht die Möglichkeit, auf dem Gelände des Museums aktiv an der Restaurierung historischer Boote zu arbeiten (Juni–Mitte Sept. Di 9–16 Uhr). Publikumsmagnete sind das Museumsfest im August sowie der Töpfer- und Kunstmarkt im September. Die mächtige Eiche, die den Museumshof beschattet, ist rund 350 Jahre alt.

Waldstr. 48, T 038233 697 50, www.foerderverein-darss-museum.de, wg. Sanierungs- und Umbauarbeiten ist das Museum bis auf Weiteres geschl., Veranstaltungen s. Website, Museumsladen in der Saison geöffnet

Der Hafen am Prerowstrom

Beim Begriff Strom denkt man an strömen, doch der Prerowstrom, der das Dorf vom Meer trennt, ist heute nur noch ein stilles, schilfumstandenes Binnengewässer. Sein Name ist slawischen Ursprungs – Prerow bedeutet Durchbruch. Lange bevor es das Dorf überhaupt gab, verband die Prerow den Bodstedter Bodden mit der Ostsee. Als Wasser- und Handelsstraße war er nützlich, aber im Falle einer Sturmflut bildete er das Einfallstor für die heranbrandenden Wassermassen. 1874, zwei Jahre nach der großen Sturmflut, ließen die preußischen Behörden beim Bau des Seedeiches die Mündung des Prerowstroms zuschütten, und auch am **Hafen am Prerowstrom** 4, wo die Autostraße auf einem Damm verläuft, ist der Wasserlauf unterbrochen. Die Verbindung zum Bodden blieb erhalten. Eine Schiffstour auf dem stillen Strom ist ein vogelreiches Vergnügen. Wer noch etwas Zeit bis zur Abfahrt des Schiffes hat, kann den **Drümpel** 5, den

ältesten Ortsteil von Prerow, südwestlich des Hafens erkunden. Entlang der unbefestigten Wege (Hirtenstraße, Alte Straße) entdeckt man viele rohrgedeckte Häuser mit Giebelzeichen und kleinen Gärten, sehr hübsch sind die Häuser in der Hirtenstraße Nr. 3 (mit Pumpe im Garten) und die benachbarte Nr. 5. Über die Alte Straße gelangt man wieder zum Krabbenort/Hafen.

Ältestes Gotteshaus

Nördlich des Hafens – im Ortsteil Kirchenort – liegt das älteste Gotteshaus der Halbinsel Fischland-Darß-Zingst. Die 1726 bis 1728 zunächst als Fachwerkbau errichtete und später mehrfach veränderte **Seemannskirche** 6 war mit ihrem hölzernen Turm ein wichtiges Seezeichen für die Seefahrer. Ein interessantes Detail, das nur dem auffällt, der davon weiß, sind die zwei Stundengläser am Altar mit Kanzel. Die Sanduhr sollte vor übermäßiger Predigtdauer bewahren. Kerzen leuchten im Lichterschiff, es bringt etwas Ruhe in das Gotteshaus, das in der Saison von vielen Reisebussen angefahren wird. Auf dem gepflegten, parkähnlichen Friedhof findet man noch alte Kapitänsgräber aus der Zeit um 1800 (► S. 68)

Kirchenort 2, in der Saison tgl. Mo–Sa 10–18, So 13–18 Uhr, Gottesdienst So 10.30 Uhr

Markante Bauwerke des Seebads

Auch die Entwicklung Prerows zu einem florierenden Bade- und Kurort (seit 1910 mit Bahnhof) ist eng gekoppelt an die Architektur des Ortes. Die medizinische Versorgung musste gewährleistet sein. Die **Alte Apotheke** 7 aus der Mitte des 19. Jh. befindet sich in der Langen Straße 7 (kurz vor der Mündung nach Krabbenort). Das hochgelegene, über eine Treppe zu erreichende Haus war in der Orkannacht 1872 neben der Seemannskirche einer der wenigen Zufluchtsorte für die Prerower. Heute beherbergt sie Ferienapartments. Ein architektonisch markantes Gebäude ist **Vogels Warte** 8, Lentzallee 8/Ecke Heinestraße). Das burgähnliche Haus mit einem 20 m hohen kantigen Turm ließ sich 1910 ein Berliner Gerichtsadministrator namens Vogel als Sommerhaus bauen. Heute gehört es der Kommune und steht seit vielen Jahren leer. Die Idee einer zukünftigen Nutzung als baltisches Kulturzentrum findet viel Zuspruch. Viele prachtvolle Sommerresidenzen entstanden in der strandnahen, von hohem Baumbestand beschatteten Villenstraße. Hier befindet sich auch die **Blockhaus-Villa** 9 von Prinz Eitel Friedrich (ein Sohn Kaiser Wilhelms II.): 1907 als Jagdschloss in Esper-Ort am Weststrand errichtet, wurde sie in den 1920er-Jahren nach Prerow umgesetzt (Villenstr. 4) und beherbergt heute – wie soll es anders sein – Ferienapartments.

Das Ende ist ein Anfang

Prerows neues Wahrzeichen ist die **Seebrücke** 10 – mit 720 m die längste im Ostseeraum. An ihrem Ende entstand im Meer ein mit Steinwällen geschützter Inselhafen mit Liegeplätzen für Sportboote und für den Seenotrettungskreuzer. Mit der Eröffnung 2024 findet eine rund 25 Jahre währende Auseinandersetzung über den Hafenbau ein glückliches Ende.

Neues Refugium für Eisvogel & Co.

Die Wanderung von Prerow zum **Darßer Ort** (▸ S. 72) gehört zu den schönsten Ausflügen auf der Halbinselkette. Auf dem Weg dorthin zweigt ein Weg zum **Ottosee** ab, einem durch Anlandung und Einschluss entstandenen Strandsee, der lange als Militär-, dann als Nothafen und als Liegeplatz des Seenotrettungskreuzers diente. Immer wieder war seine in den 1960er-Jahren angelegte Zufahrtsrinne von Versandung bedroht und musste ausgebaggert werden. Wegen der Lage in der Kernzone des Nationalparks führte dies jedes Mal zu erbitterten Diskussionen. Im Herbst 2023 wurde der Nothafen endgültig geschlossen und mit der Renaturierung begonnen. Ufereinfassungen und Stege, die Straße und technische Einrichtungen wurden zurückgebaut. Das Areal hat laut Nationalparkverwaltung die Chance sich wieder »zum Refugium von Fischotter, Eisvogel und Co.« zu entwickeln.

In fremden Betten

Bio-Wellness

Quartier Carpe Diem 1

Aus dem Bio-Gesundheitshotel wurde das Quartier Carpe Diem – ohne kulinarische Leistungen. Die Nutzung des Fitness- und Gesundheitsstudios ist weiterhin möglich. Noch immer aber ist es ein Ort zum (Tiefen-)Entspannen und Gesunden. Zehn Wohneinheiten mit Pantryküche, unaufdringlich, edel schlicht und vor allem ökologisch. Viele Stammgäste nutzen die hausinterne Praxis für Naturheilkunde und Osteopathie, angeboten werden Stressmanagement, Yoga, Fasten und Wandern.

Grüne Str. 31b, T 038233 70 80, www.carpe-diem-prerow.de, DZ/FeWo €€

Fasten, wandern …

Ginkgo Mare Bio-Hotel 2

Ideal für eine Auszeit ist dieses Hotel mit seinem GesundSein-Zentrum. Ökologische Zimmer (100% bio, allergikergerecht) in einer ruhigen Seitenstraße nur ein paar Schritte vom Darß-Wald entfernt, Heilfasten, Massagen, Yoga, Tai Chi, Wanderungen am Meer ...

Buchenstr. 41a, T 038233 70 13, www.ginkgomare.de, DZ €€

Charmant und individuell

Sterngucker 3

Familiäre Pension in einer ruhigen Seitenstraße, sieben sehr unterschiedliche und individuell eingerichtete Apartments, wer mag, kann das Frühstücksbuffet in der Südveranda genießen, der Nordstrand ist 1000 m entfernt.

Life is better at the beach. In Prerow auf alle Fälle. Wo sonst kann man direkt in den Dünen zelten?

Schulstr. 15, T 038233 6 02 06, www.sternen gucker-prerow.de, FeWo €€

Zelten in den Dünen
Regenbogen Camp Prerow 4

Ein lang gestreckter Platz (2 Stationen der kleinen Darßbahn) im Nordwesten des Ortes, vermietet werden Wohnwagen und Zelte mit und ohne Fußbodenheizung auf Schattenplätzen im Wald oder sonnigen Plätzen direkt in den Dünen. (Wieso in Prerow das Zelten in den Dünen erlaubt ist? Weil die Dünen hier keine Schutzfunktion haben. Wind und Wellen tragen das Land am Weststrand der Halbinsel ab und spülen es hier an). Supermarkt, Bäcker, Imbiss, Restaurant – alles da, was der Camper so braucht. Der WLAN-Empfang ist nicht überall gut, auf der Website sind die Areale gekennzeichnet, die guten Empfang haben.

Waldstr. 8, T 038233 331, www.regenbogen.ag/ferienanlagen/prerow

Satt & glücklich

Familienfreundlich
Café & Kultur

Im Kulturkaten Kiek In 2 (► S. 71)

Typisch Darß und sehr beliebt
Teeschale 1

Café in einem denkmalgeschützten Kapitänshaus. Es lohnt sich in den Zwischenzeiten zu kommen, die nicht typisch sind fürs Kaffeetrinken oder Abendessen, denn es ist so nett hier, dass man oft warten muss. Die Zeit kann man sich nebenan im Teeladen vertreiben, mit 130 Teesorten, Kerzen und Keramik.

Waldstr. 50, T 038233 608 45, www.teeschale.de, Café/Laden Di–Sa 11–18 Uhr

Super Aussicht, netter Service
Fischrestaurant Seeblick 2

Vom Dorfzentrum geht es auf der Straße Im Schüning über den Prerowstrom Richtung Meer. Läden und Restaurants flankieren die Flaniermeile zur Seebrücke. Fisch und Wild (»aus heimischen Wäldern des Nationalparks«) genießt man im Seeblick, einem über 100 Jahre alten Fachwerkhaus am Hauptübergang zum Strand. Tischreservierung empfohlen. Gleich nebenan in Wolffs Bar werden in der Saison kühle Getränke und Crêpes serviert.

T 038233 348, www.wolff-prerow.de, aktuelle Öffnungszeiten s. Website, €€–€€€

Fels in der Brandung – **die Seemannskirche von Prerow**

Mitten im Friedhof, aber nicht mitten im Dorf liegt die älteste Kirche der Region. Der Prerow-Strom trennt den Kirchenort vom Hafen und vom Dorf. Den Zugang zur Kirche säumen prachtvolle Linden. Eine uralte Fichte, mächtige Buchen und rot blühende Kastanien spenden Schatten. An der Kirchenmauer stehen alte Seemannsgräber. Ein urwüchsiger würdiger Ort, der berührt, aber warum so fern vom Dorf?

► LESESTOFF

Der Friedhof in Prerow, von Antje Hückstädt und René Roloff, Prerow 2012

Geografisch gesehen befindet sich die **Seemannskirche** 6 schon auf dem Zingst. Vor dem Bau des Brückendammes über den Prerow-Strom (1837) kamen die Prerower nur mithilfe einer kleinen (kostenpflichtigen) Fähre zum Gottesdienst. Andere Kirchgänger hatten noch längere Wege: Bis Mitte des 19. Jh. gab es zwischen Ahrenshoop an der Grenze zu Mecklenburg bis zu den Sundischen Wiesen östlich von Zingst nur diese eine Kirche, diesen einen **Friedhof.** Auch die Bewohner der Inseln Oie und Kirr wurden hier beigesetzt.

Von der vernichtenden Sturmflut am 13. November 1872 blieb die Seemannskirche verschont. Kunstvoll bearbeitete Grabsteine – der älteste stammt aus der Zeit um 1690 – erzählen Lebensgeschichten aus früheren Zeiten.

Warum Zement auch ein Segen sein kann

Die ältesten **Grabdenkmäler** findet man an der Nord- und Südseite der Kirche - vorwiegend aus dem 18. und frühen 19. Jh. Die kunstvoll behauenen Steine (aus gotländischem Kalkstein) wurden in den 1930er-Jahren hierher versetzt, um sie zu erhalten. Davor waren die Steine häufig als Trittstufen vor der Kirche oder im Dorf verwendet worden. Mit dem Aufkommen des Zements sank die Nachfrage – auch wenn sie »für 6 Mark das Stück« zu haben waren, wurden die »modernen Betontrittstufen« vorgezogen. (heißt es 1904 in einem Bericht über die Grabdenkmäler auf dem Kirchhof in Prerow). Und weil die Grabsteine zu schwer waren, um sie einfach wegzuräumen, blieben sie liegen, wo sie waren.

Viele der fein gearbeiteten **Reliefs** zeigen direkte Bezüge zur Seefahrt. Zu entdecken sind Schiffe unter vollen Segeln, ein Segler im Sturm und vor Anker im sicheren Hafen. Ein Stein gleich links neben dem Südeingang der Kirche zeigt mit Zirkel, Ruder und Anker Insignien des Seefahrers. Den Zirkel benötigt er für die Navigation, das Ruder hält den Kurs auf der Fahrt durchs Leben, und der Anker gibt Halt.

Im Hafen der Ewigkeit

Glück und Unglück lagen auf See immer dicht beieinander. Ein **Tafelbild über dem Südeingang in der Kirche** erzählt von einem Unglück im Winter 1690, als ein junger Schiffer aus Kopenhagen vor dem Darßer Ort strandete und in den Wellen sein Leben verlor. Das von dem Vater aus Dankbarkeit für die Bestattung seines Sohnes gestiftete Ölbild wurde aus der alten Kirche, die etwas weiter östlich lag und bei der Sturmflut 1694 stark beschädigt worden war, in die neue Kirche übernommen.

An der höchsten Stelle des Kirchenortes gelegen, blieb die (neue) Prerower Kirche in der großen **Sturmflut** im November 1872 weitgehend verschont. Rechts neben dem Eingang zum Friedhof markiert eine kleine Marke an der mit Efeu berankten Außenseite der Kirchhofmauer, wie hoch damals der Wasserstand war.

Während die Männer auf See waren, kümmerten sich die Frauen um Haus, Kinder und die Landwirtschaft. Auch ihre Lebensgeschichten wurden in den Stein gemeißelt, wie die von **Catharina Permin**, geboren 1733 in Zingst, verheiratet mit dem Schiffer **Hans Schultz**. Von den sieben Söhnen und sechs Töchtern in dieser Ehe starben sechs Söhne und vier Töchter. Catharina starb 79-jährig in Zingst als Großmutter von 33 Enkeln.

Faltplan: F/G 2 | Cityplan S. 64

Ein Sommermärchen: Sonne, Strand und ganz viel Meer!

Stöbern & entdecken

Bernstein
Heimatgalerie Prerow und Darßer Bernsteinmuseum 1

In einem alten Schifferhaus zeigt die Prerower Bernsteinfamilie Moldenhauer ihre gesammelten Schätze. Dazu gehören Exponate wie Bernsteine mit eingeschlossenen Pflanzen, Blüten, Spinnen, Käfern oder ganzen Insektenschwärmen. Anschaulich erfahren die Besucher des Museums Wissenswertes über das Gold der Ostsee. Zu kaufen gibt es handgefertigten Schmuck aus eigenen Funden, viel Schönes ist dabei zu relativ humanen Preisen, auch andere Geschenkartikel mit Darßmotiven und Seifenstücke mit den lokal so angesehenen Rohbernsteinstückchen.

Waldstr. 54, T 038233 462, www.darsser-ort.de, April–Okt. Mo–Fr 11–17, Sa 11–16 Uhr, Nov.–März Mo–Sa 14–16 Uhr, Bernsteinmuseum April–Mitte Okt. Mo–Sa 14–16.30, So 14–16 Uhr, im WInter geschl.

Sprechen Sie uns an!
Kunst-Tischlerei Roloff 2

Außer Darßer Türen fertigt der Meisterbetrieb Fensterläden, geschnitzte Motive, Gartenmöbel oder Giebelzeichen an. Ein Ladengeschäft zum Gucken gibt es nicht, aber Beratung. Eine ›Darßer Miniature‹ kann man im Shop auf der Website auswählen und sich zusenden lassen.

Lange Str. 30, T 038233 465, www.kunsttischlerei-roloff.de

Bio-Frische von der Küste
Gaude Kost 3

Ganz unauffällig abseits des Trubels überrascht ein kleiner Laden mit guter Kost: hausgemachte Fruchtaufstriche, Wurst, Räucherwaren, regionales Gemüse, Schafmilchprodukte. Wer mag, genießt im gepflasterten Vorgarten ein Stück selbst gebackene Kuchen und frisch aufgebrühten Bio-Kaffee.

Lange Str. 23a, T 0172 302 83 09, www.gaudekost.de, in der Saison und über die Weihnachtsfeiertage Mo–Sa 7.30–12, Mo–Fr 14–18 Uhr

Gartengalerie
Kunst formt Garten 4

Windspiele, Kranichschwinger, vielseitige Formen in Balance, auch Wandbilder – die Metallarbeiten sind faszinierend, die Ausstellung im weiträumigen, gepflegten Garten überaus sehenswert.

Lange Str. 64, T 0170 479 81 73, www.metallbau-goltings.de/kategorie/kunst-formt-garten, ganzjährig Di–Fr 15–18 Uhr oder n. V.

Sport & Aktivitäten

Kino
Ganzjährig geöffnet ist das **Prerow Cinema** 1 in der Ortsmitte, Programm

s. Website, Tagespresse oder Aushänge.
Waldstr. 5, www.cinema-prerow.de

Kleinkunstbühne mit nettem Café
Kulturkaten Kiek In 2

Dies ist ein altes, bildhübsches Kapitänshaus mit neuem Anbau. Es gibt neben Theater und Kabarett auch Lesungen, literarisch-musikalische Abende, Konzerte, diverse Kinderevents und Kreativkurse. Die jeweiligen Termine siehe Veranstaltungskalender. Das charmante Café & Kultur im alten Gebäude mit Terrasse und Spielplatz in Sichtweite lädt zu hausgebackenen Kuchen und Waffeln ein. Im Garten findet von Juni bis Sept. die Freiluftausstellung CARTOONAIR am MEER statt. Die Bibliothek von Prerow befindet sich im Obergeschoss des Kulturkaten.
Kulturkaten Kiek In, Waldstr. 42

Paddeln auf dem Meer
Darßtour 3

Geführte Touren durch die Nationalparkregion der Vorpommerschen Boddenlandschaft zu den Bülten (Inseln aus Schilf), zum Darßer Weststrand, um den Darßer Ort – mit dem Seekajak, zu Fuß oder mit dem Rad. Die Touren eignen sich auch für Einsteiger, nicht aber für Nichtschwimmer. Gefragt sind die Kajak-Kranichtouren im Sept./Okt., entsprechend frühzeitig sollte man buchen.
Info: Henrik Schmidtbauer, Buchenstr. 11a, T 0178 188 66 80, www.darsstour.de

Entspannt ans Ziel
Kutschfahrten und Reittouristik Bergmann 4

Ab Bernsteinweg Mai–Okt. tgl. Linienfahrten zum Leuchtturm, Abfahrt 11, 14 Uhr, Rückfahrten vom Leuchtturm 13, 16 Uhr. Weitere Abfahrtzeiten und Preise finden Sie auf den Schildern an allen Haltestellen, Reservierung nicht möglich. Die Fahrt ist holperig und nicht viel schneller als zu Fuß, dafür erzählt der Kutscher viel über die Region und den Darßer Wald. Genauso informativ und kurzweilig sind die mehrstündigen Kutschtouren. Bergmann bietet darüber hinaus Reitunterricht, Longenstunden und Ausritte, von Nov.–März auch Strandausritte.
www.kutschfahrten-bergmann.de; **Kutschtouren:** Info T 0171 604 16 51; **Reittouristik:** Mühlenstr. 20, T 0171 609 19 19

Infos

Kur- und Tourismusbetrieb Ostseebad Prerow: Gemeindeplatz 1, 18375 Prerow, T 038233 61 00, www.ostseebad-prerow.de, Mitte Juni–Ende Sept. Mo–Fr 9–18, Sa/So 10–17, Vor- und Nachsaison Mo–Fr 9–17, Sa/So 10–16, Nov.–April Mo–Fr 9–16, Sa 10–14 Uhr
Darßbahn: Die Bimmelbahnen verkehren von April–Okt. etwa stündlich von der Ostseeklinik über den Hafen am Prerow-Strom durch den Ort zur Haltestelle Darßer Ort (ehemaliger Nothafen), einem Ausgangspunkt für die Wanderung zum Leuchtturm.
www.darssbahn.info

Termine

Töpfermarkt: Pfingsten auf dem Gelände des Darß-Museums
Tonnenabschlagen: letzter So im Juli, abends Tonnenball
Schiffstouren: Nach Eröffnung des neuen Seebrücke samt Hafen kann man ab Prerow Ausflugsfahrten auf der Ostsee unternehmen. Sehr reizvoll sind aber auch die Touren auf den Bodden vom Krabbenort/Hafen. Es gibt verschiedene Anbieter, einfach mal vor Ort gucken, Broschüren liegen überall aus. Alle Fahrten führen durch den schilfgesäumten, vogelreichen Prerow Strom in den Bodden. Eine beliebte Attraktion ist der nach alten amerikanischen Vorbildern gebaute Schaufelraddampfer Baltic Star, mit Räucherofen an Bord (www.reederei-poschke.de, März tgl. 11.30 und 14.30, April/Mai, Sept–Nov. tgl. 11.30, 14.30, 16.30, Juni–Aug. tgl. 11, 14, 16, im Juli/Aug. zusätzlich 18.30, Sept./Okt. tgl. 11.30, 14.30, 17 Uhr Uhr, Erw. 17 €, Kinder bis 12 J. 9 €; dreistündige Kranichtour, Erw. 21 €, Kinder bis 12 J. 16 €).

Einfach nur atemberaubend – **der Darßer Ort**

Faszinierende Küstendynamik: Bei Sturmflut kann man dabei zusehen, wie sich die tosende Brandung ins Land frisst, Buchen und Kiefern den Boden unter den Füßen wegreißt. Die Strömung treibt die mineralische Fracht gen Norden. Neue Sandbänke wachsen aus dem Meer, Dünen türmen sich auf, werden von Pflanzen besiedelt, festgehalten und schließlich bewaldet. Grandios und lehrreich: die Aussicht vom Leuchtturm.

Viele Wander- und Radwege führen durch den Darßwald zum Leuchtturm Darßer Ort. Ein günstiger Startpunkt ist der **Parkplatz am Bernsteinweg** 1 in Prerow. Etwa eine Stunde dauert der Fußmarsch, eine familienfreundliche Abkürzung bietet (in der Saison) die Fahrt mit der kleinen Darßbahn bis zur Endstation **Darßer Ort (ehem. Nothafen)** 2 oder mit der Kutsche zum Stellplatz am Leuchtturm.

Wo die Leuchtturmwärter wohnten

Der älteste **Leuchtturm Mecklenburg Vorpommerns** ist seit 1849 in Betrieb, bis 1978 war er bemannt, seither wird er ferngesteuert. Der Gebäudekomplex, in dem die Leuchtturmwärter mit ihren Familien lebten und auch eine kleine Landwirtschaft betrieben, beherbergt heute das **Natureum** 3, eine Abteilung des Deutschen Meeresmuseums. Ausstellungen im Leuchtturmwärterhaus (von 1848) sowie im Erdgeschoss des Leuchtturms informieren über die Flora- und Fauna. Besonders eindrucksvoll ist die Darstellung der Dynamik und Schutzbedürftigkeit der Natur und Landschaft am Darßer Ort. 126 Stufen führen hinauf auf die **Aussichtsplattform** in 29 m Höhe. Auf einen Blick versteht man die (zuvor rein theoretischen Erklärungen über die) Küstenformungsprozesse. Von oben unterscheidet man deutlich die Zonen der Abtragung und Anlandung. Im 1892 erbauten Haus des Ober-

B
BADEN

Der **Weststrand** ist ein traumhafter Picknick- und Badeplatz (auch FKK) und ganzjährig attraktiver Fundort für Treibholz, versteinerte Seeigel und Hühnergötter, nach Winterstürmen auch für Bernstein.

leuchtturmwärters lädt das **Café im Leuchtturm** ausschließlich Museumsbesucher zur Stärkung ein.

Im jungen und jüngsten Land

Ein Bohlenweg, der den Fußgängern vorbehalten ist, führt vom Leuchtturm durch atemberaubende Dünen- Heide-, Sumpf- und Waldlandschaft. Weiße Dünen gehen über in graue Dünen, auf deren Humusschicht Heidekraut, Krähenbeere, Wachholder und Kiefern wachsen, bis hin zur Braundüne. Vorhang auf für eine grandiose Urlandschaft. Der erste Beobachtungsstand befindet sich unweit des **Libbertsees** 4 dessen Wasserfläche erst in den 1950er-Jahren durch fortschreitende Sandablagerung und die Bildung einer Nehrung vollständig von der Ostsee abgetrennt wurde. Das Gebiet des Sees ist ein wichtiges Rast- und Brutgebiet für Wasservögel. Regelmäßig lassen sich hier Rothalstaucher, Rohrweihe oder Seeadler beobachten.

Durch ein Kiefernwäldchen geht es weiter zu einer weiteren Aussichtsplattform, auf der sich Spaziergänger und Fotografen um den schönsten Blick drängeln. In Richtung Norden erstreckt sich (jenseits einer Schilfzone) der Darßer Ort, der bis zu 10 m Landzuwachs pro Jahr verzeichnet. Häufig sind Hirsche und Hirschkühe am Horizont auszumachen.

Der Weg ist das Ziel – nirgendwo passt dieser Satz besser als hier am Darßer Ort.

INFOS/ÖFFNUNGSZEITEN

Natureum Darßer Ort 3: www.natureum-darss.de, Juni–Aug. tgl. 10–18, Mai, Sept., Okt. tgl. 10–17, Nov.–April Mi–So 11–16 Uhr, 6 €

Rangerführung: Die dreistündige **Exkursion Küstendynamik** führt Do um 11 Uhr ab Leuchtturm entlang des Rundwanderwegs Darßer Ort (► Nationalpark VP Boddenlandschaft S. 111).

VERSORGUNG

Einen Kiosk gibt es nicht. Wer das Natureum nicht besucht, sollte Proviant für ein Picknick dabeihaben.

Faltplan: E 1

Der Zingst

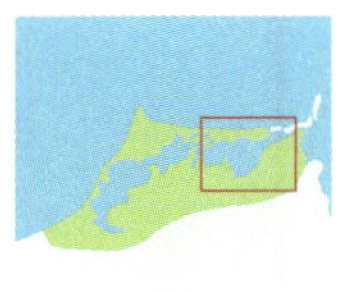

Wiesen, Weiden und Waldgebiete prägen den östlichsten Teil der Halbinsel Fischland-Darß-Zingst, der noch bis zur großen Sturmflut von 1872 eine Insel war. Im Osten des Ostseeheilbads Zingst zieht der Nationalpark Vorpommersche Boddenlandschaft mit den Sundischen Wiesen, der Hohen Düne und Pramort Scharen von Besuchern an. Von hier schweift der Blick über das Windwatt und die vorgelagerten Inseln Werder und Bock, einem der wichtigsten Kranichrastplätze Europas.

Zugvogelzeit: In überwältigender Zahl bevölkern Vögel den Himmel über Fischland-Darß-Zingst. Der Herbst ist die beste Zeit zum Kranich-Kieken, besonders faszinierend der abendliche Einflug in die flachen Boddengewässer.

Zingst

H/J 2, Cityplan S. 78

Das mit Abstand größte Ostseebad der Region ist keine Schönheit aus einem Guss, aber ein klassischer Urlaubsort mit Seebrücke, feinsandigem Strand, netter Flaniermeile und Ausflugsschiffen im Hafen. Es ist Ausgangspunkt für großartige Rad- und Wandertouren und ein Mekka für Fotografen.

WAS TUN IN ZINGST

Vogelkieken am Hafen

Alte Fotografien zeigen den **Hafen** 1 mit Hunderten von Schiffen. Bereits im 18. Jh. waren die Zingster durch Seehandel und Schifffahrt zu Wohlstand gelangt. Es gab kleine Werften, die seegehende Schiffe bauten, daran erinnert heute nur noch dem Namen nach die hafennahe Werftstraße. Gegen Ende des 18. Jh. hatten die Zingster 93 Schiffe, eine enorme Zahl für ein Dorf am (gefühlten) Ende der Welt. Heute ist der Hafen Ausgangspunkt für den Linienverkehr nach Hiddensee und Stralsund sowie für Ausflugsfahrten in den Nationalpark Vorpommersche Boddenlandschaft. Zu sehen gibt es immer etwas. Der Blick schweift über den Zingster Strom zur **Insel Kirr** 2, die jahrhundertelang als Viehweide genutzt wurde. (Noch heute existiert eine Viehfähre im Zingster Ortsteil Müggenburg, die im Frühsommer Rinder vom Gut Darß zum Weiden übersetzt). Die Insel ist ein Vogelparadies, das nur im Rahmen geführter Exkursionen betreten werden darf. Hier brüten Alpenstrand- und Kampfläufer, Rotschenkel, Austernfischer, Säbelschnäbler, Kiebitze aber auch Lachmöwen. Im Herbst dient das Eiland für einige Wochen Tausenden von Kranichen als Schlafplatz.

Zeugen der Geschichte

Den Hafen verlässt man entweder über die Hafenstraße oder weniger verkehrsreich – über die Stromstraße und Werftstraße. Bilder von den ehemaligen Bootsbauplätzen findet man im **Heimatmuseum** 3, das man – in die Jordanstraße nach links abbiegend – nach wenigen Metern erreicht. Der Kern

des (2013/2014 baulich erweiterten) Museums ist das denkmalgeschützte, 1867 errichtete Haus Morgensonne. Es dokumentiert Darßer Geschichte vom Mittelalter, über die Zeit unter schwedischer Herrschaft bis zur großen Seefahrtsepoche. Mit dem Niedergang der Segelschifffahrt blieb als Alternative nur der Fremdenverkehr. Seit 1881 erfolgte die professionelle Vermarktung des abgelegenen Ortes durch ein Bade-Comité.
Eine kleine Dauerausstellung ist der Heimatdichterin Martha Müller-Grählert gewidmet. Im neuen Galeriebau werden Werke verschiedener Künstler aus der Zeit zwischen 1872 und 1980 präsentiert, darunter Bilder von Max Hünten, Franz Pflugradt, Elisabeth Büchsel und Louis Douzette.

Strandstr. 1–3, T 038232 155 61, www.zingst.de/heimatmuseum-zingst, Do–So 11–17 Uhr, Eintritt mit Gästekarte und Tageskurkarte frei. Tageskurkarten können vor Ort erworben werden. Informativ und unterhaltsam sind die ganzjährig angebotenen Museumsabende.

Zwischen Hafen und Seebrücke

Ein netter, etwa halbstündiger Spaziergang führt vom Hafen am Bodden an den Ostseestrand. Wer den Museumsbesuch auf später verschiebt, folgt vom Hafen der Hafenstraße. Kurz bevor man die Jordanstraße überquert, liegen rechter Hand zwei Neubauten, die mit Kunstrohr gedeckt sind. (In der Anschaffung übrigens teurer als ein Dach aus natürlichem Schilfrohr, im Unterhalt/Versicherung aber weniger kostenintensiv). Weiter auf der Hafenstraße passiert man den Abzweig zum sehenswerten **Max Hünten Haus** 4 (▸ S. 80) und gelangt zum **Fischmarkt** 5, einem ansprechendem offenen Platz mit Restaurants, Läden und einer Apotheke. Zwei verkehrsberuhigte Flaniermeilen – die Strandstraße und die Klosterstraße – führen weiter Richtung Strand und Seebrücke. Typische Bauern-, Fischer und Schifferhäuser findet man hier kaum noch. Durch Um- und Anbauten, die seit Ende des 19. Jh. für die in immer größerer Zahl eintrudelnden Sommerurlauber vorgenommen wurden, gingen

Das **Gedicht »Mine Heimat«** von **Martha Müller-Grählert** wurde vertont und vielfach umgedichtet. Als Heimweh-nach-der-Heimat-Lied ging es um die Welt: Wo der gelbe Ginster oder die rote Heide blüht, je nach Region. Am bekanntesten ist es als Nordseehymne **Wo die Nordseewellen** … Jahrzehntelang kämpften Martha Müller-Grählert (und der Komponist) vergeblich um die Rechte am Ostseelied. Sie wurden ihr erst kurz vor ihrem Tod zugestanden. Zu spät, um daraus noch einen finanziellen Nutzen zu ziehen. Sie starb 1939 verarmt in einem Altersheim in Franzburg.

die traditionellen Baustile weitgehend verloren. Noch aus dem 17. Jh. stammen die Büdnereien in der Klosterstraße 4 (sehr nette **Buchhandlung Läsen un Schriben**) und gleich nebenan die Nr. 5 mit einer Hochwassertafel an der Hauswand. Eine Tafel markiert die Wasserstände während der Sturmfluten von 1872 und 1874.
An der Seestraße, wo Strand- und Klosterstraße wieder aufeinander treffen, liegt der 1873 erbaute **Rettungsschuppen** 6 mit einer Ausstellung zur Geschichte der Seenotrettung.

Die Seebrücke

Das weiträumige Areal vor der **Seebrücke** 7 dominiert der mehrteilige Komplex des Steigenberger-Hotels. Am Übergang zum Strand liegt das im Jahr 2000 neu eröffnete Kurhaus mit Tourist-Information und Räumlichkeiten für Veranstaltungen und Ausstellungen. Seit 1993 führt die Seebrücke 270 m auf die Ostsee hinaus. Der Strand ist in diesem Abschnitt durch Buhnen geschützt, in den letzten 100 Jahren hat die Küste hier über 70 m Substanz verloren. Die Tauchgondel am hinteren Ende der

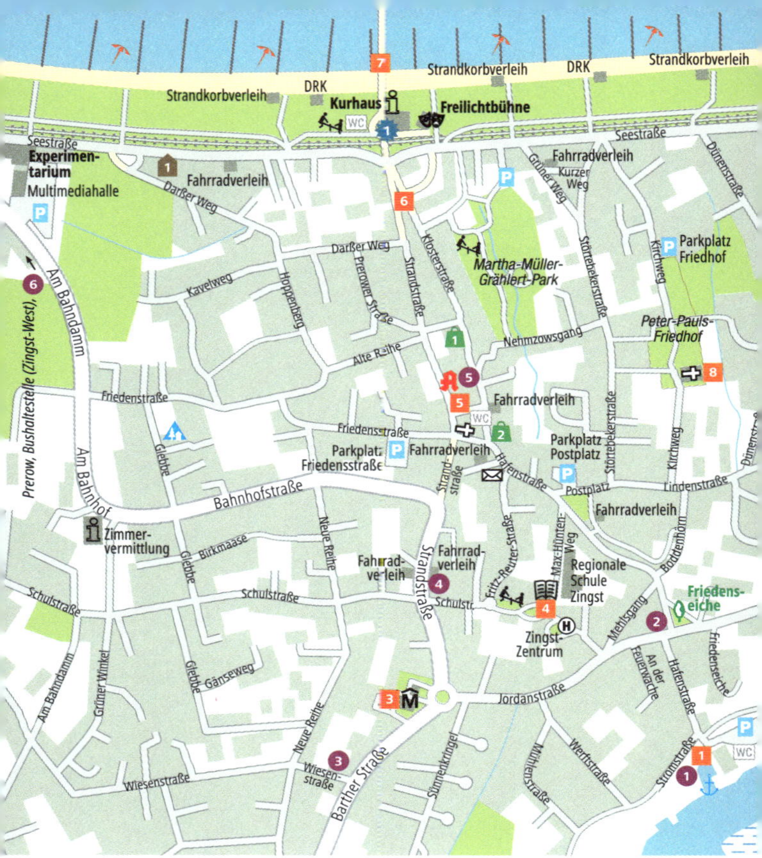

Seebrücke lädt zu einer Tour in die Unterwasserwelt ein (www.tauchgondel.de, Dauer inkl. 3D-Film über die Ostsee 30–40 Min., 9 €).

Neogotisches Original

Die Peter-Pauls-Kirche 8 bekam der aus drei Siedlungen zusammengefasste Ort erst in der zweiten Hälfte des 19. Jh. Der neogotische, mit einem aufwändigen Staffelgiebel versehene Bau, wurde nach Plänen des Schinkel-Schülers Friedrich August Stüler 1862 vollendet und besitzt noch weitgehend seine originale Ausstattung. Auf dem Friedhof befindet sich das Grab von Martha Müller-Grählert, die in Zingst ihre Kinder- und Jugendzeit verbrachte. Sie schrieb den Text für das Lied »Mine Heimat«, das mit den berühmten Zeilen beginnt: »Wo die Ostseewellen trecken an den Strand …«. Die Liedzeile »Hier is mine Heimat, hier bün ick to Hus« schmückt ihren Grabstein (in unmittelbarer Nähe des Glockenstuhls).

Kirchweg 9, www.ev-kirche-zingst.de

In fremden Betten

Nach der Wende sind viele neue Ferien- und Apartmenthausanlagen aus dem Boden geschossen, das Bettenangebot ist riesig. Von Luxus mit SPA und Seeblick (www.steigenberger.com, DZ €€€) bis zum gepflegten Hostel (www.haus54.de, DZ €) ist in Zingst jede Art von Unterkunft vertreten. Etwas Beson-

deres sind die Ferienunterkünfte auf der Vogelinsel Kirr (www.insel-kirr.de).

Sich Wohlfühlen am Meer
Hotel Meerlust 1

Das freundlich geführte Wellnesshotel liegt direkt an der Strandpromenade. Viele Zimmer und Suiten mit Balkon zur Meerseite, im Haupthaus wie auch in der Meerlust-Lodge nebenan. Sauna, Innen- und Außenpool stehen den Gästen frei zur Verfügung, eine feine Gourmetküche bietet das hauseigene Restaurant.

Seestr. 72, T 038232 88 50, www.hotelmeerlust.de, DZ/Lodges/FeWo @€€€

Kraniche beobachten vom Bett aus
Hotel-Restaurant Marks 2

Gefühlt weit weg vom Touristentrubel genießt man hier die ruhige Lage auf einem 9000 m² großen Waldgrundstück, dabei sind es zum Hafen nur 250 m. Der Blick auf die Vogel-Landschaftsschutz-Insel Kirr ist grandios. Das Restaurant bietet auch internationale Küche, schöne Sonnenterrasse.

Weidenstr. 17, T 038232 161 40, www.hotel-marks.de, DZ/Apartment €€

Top Service, Top Essen
Hotel & Galerie-Restaurant am Strand 3

19 gepflegte Zimmer und Suiten direkt hinterm Deich, die schönsten mit Balkon und Seeblick, vom Service bis zum Essen, hier stimmt alles.

Birkenstr. 21, T 038232 156 00, www.amstrand.de, DZ/Suiten €€

Fotoshooting – **im Max Hünten Haus**

Lärchenholzlamellen schützen den preisgekrönten Bau vor Wind und Wetter. So wirkt er ein bisschen angewittert wie die alten Fischerhütten am Bodden. Kombiniert mit Glas und viel Farbe ist das 2011 eröffnete Max Hünten Haus ein echter Hingucker. Nicht nur von außen!

Gleich am Eingang passiert man den Tresen – der Eintritt ist frei, das ist überraschend, denn schon die ersten großformatigen Bilder, die ins Auge fallen, sind atemberaubend. Großartige, mitunter dramatische oder auch witzige, immer aber berührende Aufnahmen von Natur(phänomenen), Wettergewalten und Tieren. Nur selten einmal ist ein Mensch zu sehen, und wenn, dann immer ganz klein vor grandioser Landschaftskulisse.

Max wer?

Wer war Max Hünten, dem dieses großartige Haus gewidmet ist? Nie gehört? Maler, Weltenbummler und Fotograf, eine schöne Kombination. 1869 als Sohn des bekannten Schlachtenmalers Emil Hünten in Düsseldorf geboren, 1936 in Zingst gestorben. Seine Jagd- und Landschaftsgemälde finden sich in vielen deutschen Museen, u.a. im Jagdschloss Granitz auf Rügen, einige wenige in Zingst. Doch hier entdeckte man nach seinem Tod einen wahren Schatz: 500 Glasplattennegative, aufgenommen zwischen 1910 und 1914 auf einer Weltreise, die ihn unter anderem in den Yosemite Nationalpark führte. Seine Bilder sind nicht hier, wohl aber sein Esprit – die Lust am Reisen, am Fotografieren beflügelt dieses Haus.

Mehr als nur knipsen

Im Treppenhaus hängen die bodenständigeren Ergebnisse von Teilnehmern der im Haus angebotenen Workshops, die Darß-Motive zeigen. Vielleicht waren Sie selber gerade am Weststrand oder am Hohen Ufer und erkennen (neidvoll), dass die Fotos, die Sie gemacht haben, aus einer anderen Perspektive aufgenommen interes-

Zingst Garagen Family
Die Aktion ist lange vorbei, aber bei einem Bummel durch die Zingster Straßen sind sie immer noch zu entdecken: Garagen, deren Tore vollflächig mit einem (Foto)Bild dekoriert sind. Die Suche nach den plakativen Garagen macht Spaß und kostet nichts.

Benannt nach einem Weltenbummler, Maler und Fotografen. Ein großartiges Haus!

santer gewesen wären … Es nagt an Ihnen? Wie wär's dann mit einem Foto-Workshop, ein paar Stunden oder ein ganzes Wochenende? Nicht nur draufhalten, sondern endlich unvergessliche Momente (mit richtiger Blenden- und ISO-Einstellung) einfangen zu können – beispielsweise wenn sich die Kraniche im Morgennebel von ihren Schlafplätzen erheben oder Cha-Cha-Cha zum Sonnenuntergang am Strand getanzt wird. Wunderbare Anregungen im Hier und Jetzt bietet aber auch die Fotobibliothek im Erdgeschoss des Max – über 2000 Bände zu Geschichte, Theorie und Praxis. Einfach Platz nehmen und versinken.

INFOS/ÖFFNUNGSZEITEN

Max Hünten Haus/Erlebniswelt Fotografie Zingst 4: Schulstr. 3, T 038232 16 51 10, www.zingst.de/max-huenten-haus, tgl. 10–17 Uhr

---

SCHATZKISTE FÜR FOTOGRAFEN

Alles unter einem Dach: Die Fotoschule Zingst bietet ganzjährig Foto-Workshops an, digitale Arbeitsplätze für die Bildbearbeitung, ein Profi-Printstudio, eine Leica Boutique und einen Verleih-Service. Außerdem Fotoausstellungen, Multimediavorträge und Konzerte.
Tipp: Im oberen Stock befindet sich die für jedermann kostenlos nutzbare Bibliothek, T 038232 16 51 13, www.zingst.de/bibliothek-zingst, Mo/Di, Do–Sa 10–17 Uhr.

Faltplan: H 2 | Cityplan S. 78

Strandnah

Haus 54 4

Ein großes, freundlich geführtes Haus mit 25 hellen, modernen Doppelzimmern und 21 Vierbettzimmern. Das Frühstück ist zubuchbar (10 €/Pers.), es gibt aber auch eine Küche für Selbstversorger.

Hanshägerstr. 3a, T 038232 84 84 84, www.haus54.de, DZ €

Satt & glücklich

Treffpunkt am Hafen

Kranichhaus/Ponton Numero Uno 1

Pasta, Fisch und Fleisch – dazu Sicht auf ein– und auslaufende Schiffe. Draußen werden Eis und vom Kutter Fischbrötchen und Räucherfisch verkauft. Direkt am bzw. überm Wasser liegt der stilvolle, voll verglaste Ponton Numero Uno – geöffnet schon zum Frühstück, klasse für einen Absacker am Abend.

Im Hafen 1, T 03832 84 89 48, tgl. 9–21, Kutter 9–22 Uhr €–€€€

Köstlich, kreativ, leicht

Sorgenfrei 2

Die Küche ist großes Kino – nicht nur geschmacklich. Umfangreiche Cocktailkarte (auch nicht alkoholisch). Gerne immer wieder.

Hafenstr. 4, T 038232 84 33 11, €€€

Gaumenfreuden am Ortseingang

Kochwerk 3

Die Karte ist klein, aber fein. Die Speisen werden liebevoll zubereitet und freundlich serviert, Ein Genuss für Augen und Gaumen!

Wiesenstr. 1, T 038232 20 99 94, www.kochwerk-zingst.de, Frühstück tgl. 8–11, warme Küche Di–Do 17–21.30, Fr/Sa 12.30–14, 17–21.30, €€€

La vie en rose

Café Rosengarten 4

Ein Traum! Garten bildhübsch, Kuchen lecker, Salate großzügig, Service nett. Absolut zu empfehlen.

Strandstr. 12, T 038232 847 04, www.caferosengarten.net, Mo–Sa 12–17.30 Uhr, €–€€

Leckere Fischgerichte

Strandkate 5

Gemütliches, beliebtes Restaurant in einem 200 Jahre alten Rohrdachhaus, bekannt für exzellente Fischgerichte. In der Saison allerdings nicht zum Abhängen geeignet: auch mit Vorbestellung muss man den Tisch nach spätestens eineinhalb Stunden wieder räumen, dann warten schon die nächsten Gäste.

Klosterstr. 8, T 038232 152 59, €€–€€€

Auf dem Campingplatz

Zum Deichgrafen 6

Von außen eher unscheinbar, überrascht das rustikal-freundliche Ambiente und die frische, leckere Küche: Fisch, Fleisch und Burger werden kreativ angerichtet.

Am Bahndamm 1, T 038232 801 86, www.camping-zingst.de, Mai–Sept. und Weihnachten/Silvester tgl. ab 17 Uhr, Öffnungszeiten außerhalb der Saison s. Website, €€–€€€

Entspannt am Meer

LaLa Surfbar 7

Ein netter, kleiner Imbiss gleich hinterm Deich mit fairen Preisen für Cocktails und Snacks (€). Die LaLa-Leute sind auch für den Wohnmobilstellplatz zuständig: »Hier ist immer ein Platz frei«, aber eng wird es doch in der Hauptsaison.

Am Sportstrand Übergang 6, gehört zur Surfschule, www.surfandwave.club

Stöbern & entdecken

Regionale Spezialitäten

Bio- und Erlebnismarkt

Auf dem Museumshof 3 gibt's Gemüse, Obst, Honig, Käse, Keramik und viele andere schöne Sachen. Dazu im Sommer ab 11 Uhr Frühschoppen mit Live-Musik.

Museumshof, April und Okt. Do 10–13, Mai–Sept. Do 10–14 Uhr

Kerngesund und bekömmlich

Museumsbäckerei und Café »Alt Zingst«

Gebacken wird in Müller's Bäckerei im Heimatmuseum 3 wie in alten Zeiten. Klassiker: das Zingster Urbrot, im

Steinofen gebackenes Dinkelbrot. Im Café oder draußen auf der Terrasse kann man Frühstück und Kuchen genießen.
Strandstr. 1

Zum Schmökern
Läsen un Schriben 1
Sympathische, kleine Buchhandlung unter einem Schilfdach.
Klosterstr. 4, T 038232 808 67, Di–Fr 10–15 Uhr, in der Saison länger

Jedes Stück ein Unikat
Pödderie 2
Knallig orange gestrichenes Haus, in dem Sabine Schagun Gebrauchskeramik und Dekoratives töpfert. Harmonische Formen und klare Farben kennzeichnen ihre Arbeiten: Türkis, grün und nachtblau, braun und beige erinnern an Strand und frische Seeluft.
Hafenstr. 43, www.zingster-keramik.de, Mo–Fr ab 10 Uhr, im Winter bis 17 Uhr, im Sommer länger, Sa 10–13 Uhr

Wenn die Nacht beginnt

Die Füße im Sand
Eiscafé und Strandbar Zuckerhut 1
Vor der Seebrücke lädt der Zuckerhut zum Verweilen ein. Ein bisschen Karibik-Feeling, auch tagsüber ein angenehmer Platz unter Kiefern, es gibt guten Kaffee, und hausgemachte Eisspezialitäten.
An der Strandbar werden im Sommer exotische Cocktails gemixt, chillige Musik (Livemusik und DJ) zur untergehenden Sonne, Tanzworkshops am Strand im Juli und Aug. (Termine auf www.zingst.de, Stichwort ›Veranstaltungshighlights‹).
Seestr. 56

Sport & Aktivitäten

Kreatives Schaffen
Traditionshandwerk bietet die Kreativwerkstatt in der **Pommernstube 3** neben dem Heimatmuseum – Ausstellungen zum Gucken, Kurse zum Selbermachen: Filzen, Glasgravur, Bernsteinschleifen, Malen, Schnitzen ... (Infos auf www.pommernstube-kreativwerkstatt.de).
Der Bauern- und Kräutergarten hinter der rohrgedeckten Scheune lädt zum Entspannen ein.

Infos

Boddenausflüge: Die Reedereien bieten in der Saison Fahrten ab Zingst, Fahrradmitnahme möglich. Umfassende Übersicht (Zeiten, Preise sowie einige Links): www.fahrgastschifffahrt-fischland-darss-zingst.de; Boddenrundfahrten mit dem Mississippi-Schaufelraddampfer

Die Tauchgondel an der Seebrücke hat Feierabend, die Lichter gehen an.

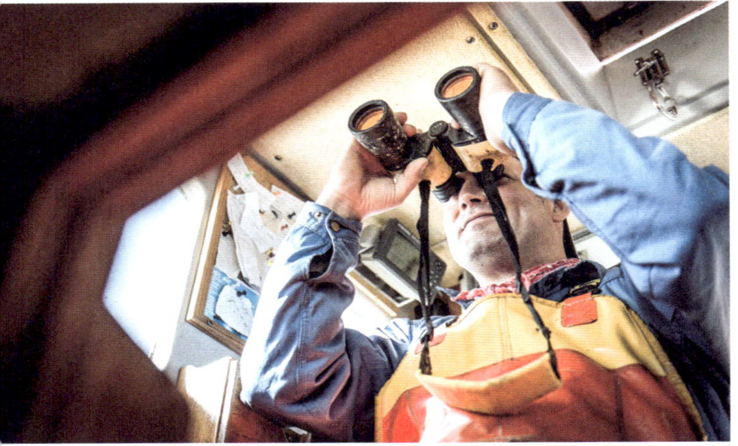

Backbord (also links für alle Landratten) – ein Seeadler!

River Star: Mitte März–Mitte/Ende Nov., 2–4 x tgl., Juli/Aug. auch Abendfahrten.
Fährverkehr Zingst-Barth: April–Okt. mit MS Stadt Barth und MS Ostseebad Zingst, je nach Saison 6–8x tgl.
Zingst-Hiddensee (Vitte): April–Okt, mit MS Schaprode und MS Sundevit 1–5 x pro Woche nach Hiddensee (Vitte).
Zingst-Bodstedt-Born-Ahrenshoop-Ribnitz-Damgarten: Mitte April–Ende Okt., je nach Saison und Strecke 1–6 x pro Woche
Radwanderung: Tour durch den Osterwald und Überfahrt zur Vogelschutz-Insel Kirr mit Barkasse. April–Okt. Mi, 10 Uhr, ab Kurhaus, Länge ca. 18 km, ca. 4 Std., 41 €, bis 14 J. 25 €.
Tourist-Informationen im Kurhaus: Seestr. 56/57, T 038232 815 80, www.zingst.de, ganzjährig geöffnet, tgl. 9.30–17.30 Uhr

TERMINE

Umweltfotofestival »horizonte zingst«: 14 Tage Ende Mai/ Anfang Juni. Im Mittelpunkt der Ausstellungen und Workshops steht die Beziehung des Menschen zu Landschaft, Flora und Fauna, www.zingst.de/fotofestival-horizonte.
Zeesbootregatta: 3. WE im Juni. Mit einem kleinen Volksfest eröffnet Zingst jedes Jahr den Reigen der Zeesbootregatten auf dem Bodden der Halbinsel Fischland-Darß-Zingst.

IN DER UMGEBUNG

Kranichbeobachtung

Den abendlichen Einzug der Kraniche kann man von mehreren Aussichtspunkten auf dem Deich südlich des Hafens beobachten. Der asphaltierte Deichweg ist mit Rollstuhl und Kinderwagen gut befahrbar, die zwei Aussichtsplattformen sind barrierefrei und entsprechend im Ortsplan markiert.
Rund 8 km östlich von Zingst liegt der Parkplatz des Hotels Schlösschen Sundische Wiese. Von hier geht es nur zu Fuß oder per Rad weiter entlang der **Sundischen Wiesen zum Pramort** (▸ S. 86), der nach weiteren 8 km erreicht wird. Dort nehmen im Herbst Zehntausende Kraniche ihre angestammten Schlafplätze ein. In diesem Zeitraum kostet der Eintritt in den Nationalpark 7,50 €. Kartenverkauf bis 15 Uhr in der Touristinfo, danach nur noch am Kontrollpunkt Sundi-

sche Wiese (erste Septemberhälfte 16–19 Uhr, ab Mitte Sept. 15–19 Uhr). Früher am Tag ist der Bereich Pramort frei zugänglich. Die Besucherzahl ist begrenzt, am besten die Karten rechtzeitig besorgen! Taschenlampe mitnehmen, da die Rücktour in der Regel im Dunkeln verläuft!

Tagestour nach Hiddensee

Dat söte Länneken, das süße Ländchen, nennen die Einwohner ihr Eiland liebevoll. Ob sich ein Ausflug von Zingst aus lohnt? Mit nur vier Stunden Aufenthalt? Ja, unbedingt. Die Insel mit ihrer einzigartig schönen und vielfältigen Landschaft, mit Dünenheide im Süden und Steilküste im Norden, ist ein Traum.
Die Inselorte Kloster, Vitte und Neuendorf verteilen sich von Nord nach Süd, sie alle haben einen kleinen Hafen. Von Zingst aus laufen die Schiffe meist Vitte an. Verkehrsmittel auf der Insel sind Fahrräder und Pferdekutschen – denn Hiddensee ist autofrei. **Neuendorf**, der südlichste und ruhigste Ort von Hiddensee, ist anders. Weiß getünchte Reetdachhäuser auf grüner Wiese und schmale Trampelpfade prägen den denkmalgeschützten Ort.
Am nördlichen Dorfrand liegt das kleine **Fischereimuseum Lütt Partie** (in der Saison Führungen von engagierten Altfischern, Spende erbeten).
5 km sind es durch die Dünenheide nach **Vitte**, dem Sitz der Inselverwaltung. Zu den originellsten Häusern der Insel zählt **das Karusel** am Nordrand von Vitte (Norderende, Boddenseite). Der 1922 von Max Taut entworfenen Rundbau, der heute u.a. für Trauungen genutzt wird, gehörte einst Asta Nielsen. Die berühmte dänische Schauspielerin verbrachte von 1925 bis 1933 ihre Ferien auf der Insel. Nach der Machtergreifung durch die Nationalsozialisten verließ der Stummfilmstar das Land für immer (Besichtigung und Führungen in der Saison, einfach mal vorbeischauen).
Seit 1990 ist Hiddensee Teil des Nationalparks Vorpommersche Boddenlandschaft. Im nördlichsten Haus von Vitte befindet sich das **Nationalparkhaus**, das Wissenswertes über die Schutzzone vermittelt (April–Okt. 10–16 Uhr, Spende erbeten).
Zwei Wege führen weiter gen Norden. Besonders schön ist der Deichweg, der oberhalb des Hafens von **Kloster** ankommt. Nur wenige Schritte sind es vom Hafen zum Kirchweg, der zentralen Achse des Dorfes. An Ihrem westlichen Ende, in der 1888 entstandenen Seenotstation, präsentiert das **Heimatmuseum** seine beachtliche Bernsteinsammlung und die Nachbildung des berühmten Hiddenseer Goldschmucks (Kirchweg 1, heimatmuseum-hiddensee.de, April–Okt. Mo–Sa 10–15, Nov.–März 11–15 Uhr, 5 €).
Die berühmteste Attraktion von Kloster ist das **Gerhart-Hauptmann-Haus**. Der Autor und Nobelpreisträger war von 1885 bis 1943 regelmäßig auf Hiddensee zu Gast. Das Haus Seedorn, das er 1930 kaufte, ist heute für Besucher geöffnet (Kirchweg 13, www.hauptmannhaus.de, Mai–Okt. Di–Sa 11–17, So 13–17 Uhr, 6 €). Die 1332 erbaute Kirche ist das älteste Bauwerk der Insel, aus dem Jahr 1922 stammt die außergewöhnlich Rosenbemalung des hölzernen Tonnengewölbes. Die Kirche umgibt der alte Friedhof, der größte Stein steht auf dem Grab Gerhart Hauptmanns.
Wanderung auf den Dornbusch: Von Kloster führt eine schmale Straße Richtung Nordosten in den Ortsteil Grieben am Fuße des Dornbusches, einer hinreißend schönen Hügellandschaft mit Ginster- und Sanddornbüschen. Auf dem Bakenberg, der mit 72 m über dem Meer höchsten Erhebung der Insel, steht der Leuchtturm. Seit über 100 Jahren ist das 28 m hohe Leuchtfeuer Dornbusch im Hochland von Kloster das Wahrzeichen der Insel. Der Ziegelbau wurde 1888 in Betrieb genommen und 2023 umfassend saniert.
Tipp: In Grieben sollte man im **Gasthaus Zum Enddorn** mit dem gemütlichen Restaurant Bilderkneipe einkehren (T 038300 460, www.enddorn.de).

Schiffsverbindung: von Zingst April–Okt. 1–5 x pro Wpoche; **Versorgung:** Restaurants und Cafés in allen Inselorten.

Ein weites Land – **durch die Sundischen Wiesen**

Manchmal gibt es perfekte Tage für Radler – dann sausen die Räder über den schnurgeraden Deich in Richtung Osten. Zum Pramort, wo die Halbinsel Zingst ihre Nase in die Ostsee steckt. Der Blick schweift über den Großen Werder. Die Kleinen Werder zum sandbeigen Windwatt erscheinen wie das Ende der Welt.

Vom Parkplatz am **Hotel Schlösschen Sundische Wiese** 1 geht es los, am besten mit dem Fahrrad. Nach ein paar hundert Metern ist man am **Nationalpark-Informationszentrum** 2. Zwei über den Köpfen der Besucher fliegende Vogelmodelle – die Graugans Akka und Kranich Nils – führen durch die Ausstellung. Kraniche und Graugänse sind wichtige Themen, ebenso die Geschichte Landwirte und der Sundischen Wiesen.

Pächter am Ende der Welt

Jahrhundertelang gehörte die Insel Zingst der Hansestadt Stralsund, die die (stral)sundische Wiese als **Sommerweidefläche** für die stadteigenen Rinder nutzte. Das Vieh wurde im Frühjahr und Herbst in einem boddentauglichen, flachen Schiff (Prahm) übergesetzt. In der Umgebung der Anlegestelle (Pramort) ließen sich im 17. Jh. einige Bauern nieder. Das Leben war nicht leicht, der Boden karg, neue Besitzer erhöhten jeweils den Pachtzins. 1937 wurde der Zingster Ostzipfel **Militärstandort**. Die Bewohner mussten gehen, die verlassenen Bauernhöfe dienten fortan als Bomben-Abwurfziel. Erst Ende 1991 gab das Militär den Standort an den Sundischen Wiesen endgültig auf.

So nah und doch so fern

Seit der Gründung des Nationalparks kehrt die Natur zurück. Die einzige Straße ist für den Autoverkehr gesperrt, Fußgänger und Radfahrer teilen sich den neuen Landesschutzdeich.

Unterwegs nach Pramort: Wenn einem der Wind ins Gesicht pustet, kann man auf den **Weg am Deichfuß** ausweichen, hier muss man allerdings auf den Weitblick verzichten.

Röhricht und Birkenwäldchen zur Linken, dahinter ahnt man das Meer. Zur Rechten: ein schmaler Baumstreifen, dahinter (Prärie)Wiesen bis zum Bodden. Ein Schild weist zur Hohen Düne. Das Rad bleibt stehen, zunächst folgt man der Deichkrone, dann geht es weiter über federnde Bohlenwege durch unberührte Landschaft. Kleine Sümpfe, Heidehügel und Kiefernwäldchen – nach gut 1,5 km ist die **Hohe Düne** 3 erreicht – mit 13 m Höhe das höchste Weißdünenmassiv der deutschen Ostseeküste. Traumhaft ist der Blick von der Aussichtsplattform unmittelbar oberhalb des Strandes. Trotz verlockender Strandnähe ist das Baden nicht möglich, die Natur ist geschützt, Kernzone 1 des Nationalparks, die Vogelspuren im Sand werden nur vom Wind verweht.

Die Hohe Düne – was Sie hier nicht sehen: zu Füßen weißer Sand, dahinter die grünblaue Ostsee

Sehen, aber nicht gesehen werden

Zurück am Hauptweg ist es nicht mehr weit nach **Pramort** 4. Von den Aussichtshütten (eine alte/eine neue) schweift der Blick in die Ferne. In dieser Region verbringen Tausende von Kranichen stehend im flachen Gewässer die herbstlichen Nächte. Der Seeadler zieht ganzjährig seine Kreise, mitunter spazieren Hirsche über das flache Meer.

INFOS/ÖFFNUNGSZEITEN

Start: Hotel Schlösschen Sundische Wiese mit Fahrradverleih, Biergarten, Restaurant
Länge: nach Pramort und zurück 16 km, plus 3 km Abstecher zur Hohen Düne

Nationalpark-Infozentrum: April–Okt. tgl.9–16.30, Nov.–März tgl. 9–16 Uhr, Eintritt frei
Geführte Fahrradtouren zum Pramort: Treffpunkt Nationalpark-Informationszentrum, ganzjährig Mi 10 Uhr, Dauer ca. 3 Std., Spende erwünscht.

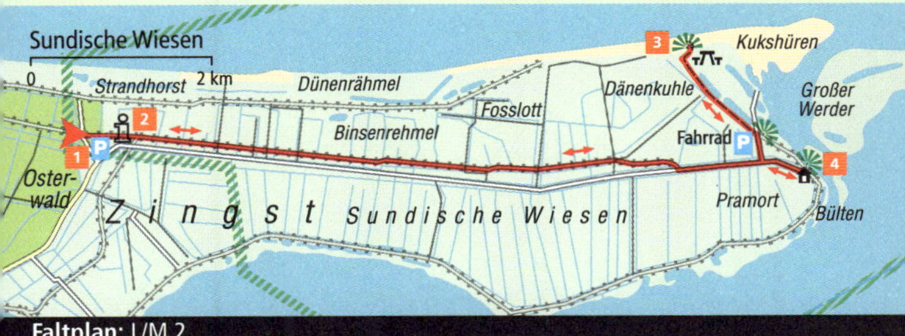

Faltplan: L/M 2

Die südliche Boddenküste

Zwei gediegene kleine Städtchen an der Boddenküste bilden die Eingangstore zur Halbinselkette Fischland-Darß-Zingst: die Bernsteinstadt Ribnitz-Damgarten und die Vinetastadt Barth. Sie sind beliebte Tagesausflugsziele für Darß-Urlauber und die touristischen Zugpferde dieser ansonsten eher ruhigen Region. Einige sanfte, kleine Badebuchten am schilfgesäumten Bodden, verschlafene Dörfer, verkehrsarme Straßen, hier und da ein Wäldchen und Äcker, auf denen Kraniche während der Zugsaison tagsüber ihr Futter suchen.

Ribnitz-Damgarten

D/E 7/8, Cityplan S. 92

Das landschaftlich reizvoll am Südufer des Saaler Bodden gelegene Doppelstädtchen trägt seit 2009 die Bezeichnung Bernsteinstadt und verweist damit auf seine meistbesuchten Attraktionen: das Bernsteinmuseum und die Bernsteinmanufaktur.

Vom Markt zum Kloster bummeln

Der Markt im Zentrum von Ribnitz ist ein guter Ausgangspunkt für einen Stadtbummel. Unmittelbar hinter der Tourist-Information – einem bemerkenswert modernen Quader, auffällig und unauffällig zugleich – erhebt sich **St. Marien** 2, eine stattliche dreischiffige Hallenkirche, deren älteste Teile aus dem 13. Jh. stammen. Sie wird heute für den Gottesdienst aber auch als Gemeindehaus und Konzertsaal genutzt (einfach mal reinschauen, Mo–Fr/Sa, Turmbesteigung möglich). Die Ostseite des Marktplatzes dominiert die klassizistische Fassade des nach einem Entwurf von Georg Barca 1834 fertig gestellten **Rathauses** 3. Nicht nur Kinder lieben den vom Rostocker Künstler Thomas Jastram gestalteten, begehbaren **Bernsteinbrunnen** 4. Das Bronze-Ensemble zeigt Bernsteinsucher am Meer, wunderbar ist es, an heißen Sommertagen zwischen den Figuren im Wasser herum zu plantschen. Am Brunnen vorbei gelangt man in die Klosterstraße, die in wenigen Spazierminuten zum historischen Klarissenkloster, der Hauptattraktion des Ortes, führt.

DOPPELSTADT-BACKSTEINGOTIK

Ribnitz-Damgarten liegt zwischen Rostock und Stralsund. Weniger bekannt ist: Auch die Klosterstadt an der Recknitz gehört zur Europäischen Route der Backsteingotik. Das sich mitten durch die Stadt schlängelnde Flüsschen Recknitz markierte lange die Grenze zwischen den Herzogtümern Mecklenburg und Pommern und trennte das von einer etwa 2000 m langen und 3 m hohen Stadtmauer umschlossene Ribnitz in Mecklenburg von dem ebenfalls wehrhaften Damgarten in (Vor-) Pommern. Erst 1950 wurden die Städte zusammengelegt. Das mit reicher Blendbogengliederung versehene, von einem kleinen achteckigen Turm gekrönte **Rostocker Tor** 1 aus der 1. Hälfte des 15. Jh. ist das einzige erhaltene von ehemals fünf Toren in Ribnitz. Es ist eine der Perlen der Backsteingotik, zu denen auch das Klarissenkloster in Ribnitz und die St. Bartholomäuskirche in Damgarten zählen, siehe www.eurob.org.

Beten und Bernstein

Europas größte Ausstellung über das Gold des Nordens ist im **Deutschen Bernsteinmuseum** 5 im ehemaligen Klarissenkloster Ribnitz untergebracht. Sie informiert über Herkunft und Entstehung, Lagerstätten, Gewinnung und Verarbeitung des fossilen Harzes. Spannend und anschaulich die Darstellung der Kunst- und Kulturgeschichte: Zu bewundern sind Amulette steinzeitlicher Jäger, fein gearbeitete Gegenstände aus dem 16. und 17. Jh. sowie Bernsteinkunst. Noch immer rätselhaft ist der Verbleib des St. Petersburger Bernsteinzimmers, faszinierende Attraktionen sind auch die Bernsteineinschlüsse. In der (in den Gebäudekomplex integrierten) **Klosterkirche** zeigt die Ausstellung ›Dame von Welt, aber auch Nonne‹ die Entwicklung des Klosters vom Klarissenkloster zum adligen Damenstift (▸ S. 96).

Im Kloster 1–2, Ribnitz, T 03821 46 22, www.deutsches-bernsteinmuseum.de, April–Okt. tgl. 9.30–18, Nov.–März Di–So 9.30–17 Uhr, 10 €, nettes Museumscafé

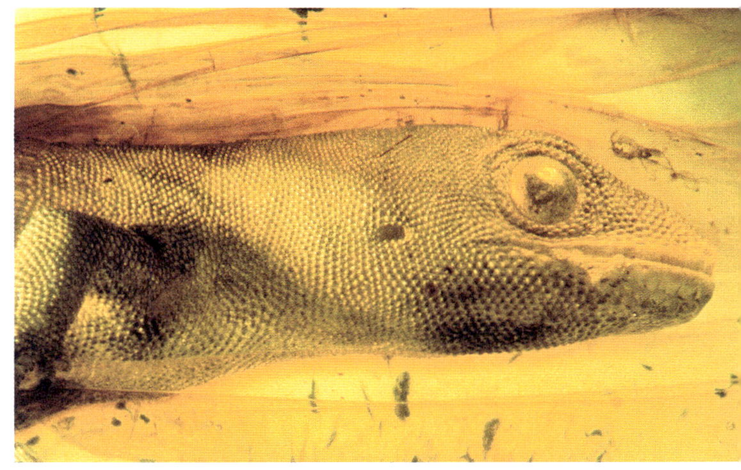

Eidechse im Bernsteinmuseum: vor 40 Millionen Jahren eingeschlossen im jetzt fossilen Harz

Feiningers Werke

Ein Bewunderer der Kleinstadt am Saaler Bodden war der berühmte deutsch-amerikanische Maler Lyonel Feininger. Die während seiner Aufenthalte 1905 und 1921 entstandenen Ribnitzer Motive prägten auch viele seiner späteren Werke. Das Feininger-Kabinett der in einem der ehemaligen Stiftsdamenhäuser untergebrachten **Galerie im Kloster** 6 präsentiert eine kleine Auswahl von Originalen. Den thematischen Schwerpunkt der Kunstsammlung des Landkreises Vorpommern-Rügen bildet die Künstlerkolonie Ahrenshoop und die künstlerische Tradition auf Fischland und Darß. Wechselnde Ausstellungen präsentieren zeitgenössische Künstler. Die Galerie ist Ausgangspunkt für einen Spaziergang auf den Spuren Lyonel Feiningers. Der ›Feininger-Rundgang Ribnitz‹ führt vom Klosterhof über das mittelalterliche Stadttor und den Hafen bis in das Herz der Altstadt. Die kostenfreie Begleitbroschüre liefert auch charmante Anekdoten zur Geschichte der Bernsteinstadt (erhältlich in der Galerie im Kloster).

Im Kloster 9, T 03821 47 01, www.galerie-ribnitz.de, Febr.–Okt. Di–Sa 11–17, Nov.–Jan. Mi–Sa 11–17 Uhr, Eintritt frei

KUCHEN UND KIRCHE IN DAMGARTEN

Die St.-Barthomoläus-Kirche, ein um 1260 entstandener spätgotischer Backsteinbau, steht auf einem bemerkenswert hohen natürlichen Hügel. Der Kirchplatz ist von Wohnhäusern umgeben, zu den ältesten gehört die über 200 Jahre **Alte Dampfbäckerei** 7: De olle Laden (Eingang Kirchplatz, grünes Tor) ist ein nostalgisches Museum des Bäckerhandwerks, in den Räumlichkeiten der alten Bäckerei sind ein Wollladen und ein Café untergebracht. Bei schönem Wetter sitzt man im Hof, angeboten werden auch Malkurse und Radwanderungen (Barther Str. 52, T 0176 63 04 95 56, www.alte-dampfbaeckerei.de, in der Saison Mi–Fr, So 14–18 Uhr; individuelle Unterkunft FeWo €).

Schmucke Hersteller

Die größte Bernsteinverkaufsausstellung Europas liegt in einem pyramiden-

RIBNITZ-DAMGARTEN

Sehenswert
1 Rostocker Tor
2 St. Marien
3 Rathaus
4 Bernsteinbrunnen
5 Deutsches Bernsteinmuseum
6 Galerie im Kloster
7 Alte Dampfbäckerei
8 Bernstein-Schau-Manufaktur

In fremden Betten
1 Hotel Wilhelmshof
2 Schlafen im Hafen

Satt & glücklich
1 De Zees
2 Meeresbuffet

Stöbern & entdecken
1 Wossidlo Buchhandlung/Café Siebdruck
2 Kerstins Bioladen
3 Bernstein-Galerie E

Sport & Aktivitäten
1 Bodden-Therme
2 MS Boddenkieker
3 Körks Strandarena
4 Bernsteinreiter

förmigen Gebäude an der B 105 im Gewerbegebiet Damgarten. Die **Bernstein-Schau-Manufaktur** 8 ging 1992 aus einem Traditionsbetrieb (VEB Ostseeschmuck) hervor. Beim Rundgang sieht man direkt in die Werkräume und verfolgt die Entstehung des Schmucks. Wer mag, kann auch sein eigenes Schmuckstück herstellen, in der Verkaufsausstellung nach einem Geschenk Ausschau halten und im Café entspannen.

An der Mühle 30, Damgarten, T 03821 885 80, www.ostseeschmuck.de, Mo–Sa 10–16 Uhr, Eintritt frei

SCHLEMMEN, SHOPPEN, SCHLAFEN

In fremden Betten

Zum Wohlfühlen
Hotel Wilhelmshof 1

Zehn individuell und gemütlich eingerichtete Zimmer gibt es in diesem über 300 Jahre alten Wohn- und Speichergebäude an der Hauptstraße. Dazu gehören eine Bibliothek und eine gemütliche Gaststube. Zusätzlich im Angebot sind regionale, den Jahreszeiten angepasste und ayurvedische Speisen. Auf Wunsch: Einführung in die Meditation/ gemeinsame Meditation. Nett ist übrigens auch die Nachbarschaft: Gleich nebenan befindet sich die Wossidlo-Buchhandlung (s. u.).

Lange Str. 22, Ribnitz, T 03821 22 09, www.hotel-wilhelmshof.de, €€; Restaurant Mo–Sa über Mittag und ab 17.30 Uhr geöffnet, €€

Willkommen an Bord
Schlafen im Hafen 2

Wohnen vor der ersten Reihe – die Hausboote mit den hübschen Namen Charlotte und Rosi bieten jeweils

Schlafzimmer mit Platz für bis zu vier Personen, Paula hat nur ein Schlafzimmer. Es gibt ein Bad mit Dusche und ein großes Wohnzimmer mit offener Wohnküche. Von den beiden Terrassen genießt man die Aussicht auf den Hafen.

Am See 45, T 0152 53 92 02 03, www.wellenreiter-ferienhaus.de, €€€, in der Saison mind. sieben Tage, in der Nebensaison auch kürzerer Aufenthalt möglich; optional Wanderkajak für 2 Pers. für 50 €/Woche

Satt & glücklich

Dorsch und mehr

De Zees ❶

Das einst als Atelier für die Kunstmalerin Natali von Modl errichtete Haus bietet eine wunderbare Aussicht über Hafen und Ribnitzer See, stimmungsvoll vor allem zum Sonnenuntergang. Die Speisen wie Dorschfilet werden frisch und sorgfältig zubereitet.

Am See 1a, Ribnitz, T 03821 89 48 30, www.fischhafen.de/de-zees, tgl. durchgehend warme Küche ab 11.30 bis gegen 21 Uhr, im Sommer länger, im Winter auch mal kürzer, dann auch So nach dem Brunch geschl., €€

Meerestheke

Meeresbuffet ❷

Im Ribnitzer Fischhafen kann man mit Hafenblick gebratenen Hering, Zander, Lachs, Aal und andere Fische essen. Keine Gourmetküche, aber in Ordnung. Das **Restaurant** Meeresbuffet serviert durchgehend warme Küche. Die **Meerestheke** nebenan verkauft frischen und geräucherten Fisch, auf Wunsch werden Fischbrötchen zubereitet.

Am See 40, Restaurant tgl. 11–20 Uhr, €€; Imbiss Mo–Fr 9–18, Sa 9–14 Uhr

Freilichtmuseum Klockenhagen – so lebte man damals. Grandios! Muss man hin!

Stöbern & entdecken

Geniale Kombi

Wossidlo Buchhandlung/ Café Siebdruck 1
So was müsste es viel öfter geben: Selbst gebackene Kuchen, köstlicher Kaffee, gemütliche Sessel und Bücher machen diesen zu einem besonderen Ort für eine kleine Auszeit.
Lange Straße 27

NATURKOST MIT IMBISS

Kerstins Bioladen 3
Links neben der (mittlerweile leider größtenteils leerstehenden) Kleinen Fischerpassage bietet ein gut sortierter Naturkostladen frisches Obst, Gemüse, Fleisch, Wein, Backwaren, Sanddornprodukte und Naturkosmetik. Täglich wechselndes Angebot auch von vegetarischen Gerichten Große Klasse ist der Imbiss (eine Suppe und ein wechselndes Tagesgericht).
Am Markt 12, Ribnitz, T 03821 70 77 50, www.kerstins-naturkostladen.de, Mo–Fr 9–18, Sa 9–12 Uhr, im Winter reduziert

Bernstein- und Fischlandschmuck

Bernstein Galerie E 2
Auf dem Weg vom Markt zum Kloster liegt die Bernstein Galerie E. Sie präsentiert modernen Bernsteinschmuck internationaler Künstler, in der hauseigenen Goldschmiede entsteht originaler Fischlandschmuck.
Neue Klosterstr. 8, T 03821 81 52 61, www.bernstein-galerie.de, Mo–Fr 10–18, Sa 10–14 Uhr

Sport & Aktivitäten

Ganzjährig Baden

Bodden-Therme 1: Erlebnisbad mit Sport- und Wellenbecken, 60 m Rutsche sowie Saunabereich drinnen und draußen.
Körkwitzer Weg 15, Ribnitz, T 03821 390 99 61, www.bodden-therme.de, in der Schulzeit Di–Fr 14–21, Sa/So10–20, in den Ferien Mo 14–20, Di–So 10–20 Uhr, Erw. 3 Std. 15 €

Mit Schiff und Fahrrad

MS Boddenkieker 2: Das Schiff fährt vom Hafen Ribnitz in der Saison bis zu dreimal täglich über den Saaler Bodden nach Dierhagen und Wustrow, Fahrräder können dabei mit an Bord genommen werden.
Info: Fahrgastbetrieb Kruse und Voß GmbH, T 0172 389 60 90, www.boddenschifffahrt.de

Chillen am Bernsteinsee

Körks Strandarena ❸

In einem ehemaligen Kiestagebau entstand der idyllische, von einem Schilfgürtel gesäumte Bernsteinsee. Ein schöner Platz für die ganze Familie, 5 km von Ribnitz Richtung Dierhagen, mit kleinem Strand, Wasserskianlage, einem schwimmenden Trampolin, Spielplatz, Minigolf und nettem Café am See.

Am Bernsteinsee 1, OT Körkwitz, www.koerks.de, Saisoneröffnung im Mai, in der Vor- und Nachsaison nur am Wochenende geöffnet

Das Glück dieser Erde

Bernsteinreiter ❸

An zwei Standorten sind sie zu finden: in Ribnitz/OT Hirschburg und in Barth (OT Glöwitz). Angeboten werden Reitunterricht, Ausritte (Okt.–April Strandritte), selbst geführtes Ponyreiten (tgl. 9–18 Uhr), Kinderreiterferien … Dazu gehören 30 Ferienhäuser und -wohnungen, Zimmer im Hostel sowie Naturcamping – einfach mal gucken, was am besten passt.

Info: www.bernsteinreiter.de.

INFOS

Stadtinformation Ribnitz-Damgarten: Am Markt 14, 18311 Ribnitz-Damgarten, T 03821 22 01, www.ribnitz-damgarten.de, Mai–Sept. Mo–Fr 10–18, Sa 10–15, So 10–14 Uhr, Okt.–April Mo–Mi, Fr 10–12, 13–16, Do 10–12, 13–18 Uhr

Historische Stadtführung: Juni–Mitte Sept. Mi 11 Uhr, 6,50 € (5 € mit Kurkarte). Auf dem anderthalbstündigen Stadtrundgang mit ›der Fischlännersch‹, der Stadtarchivarin Jana Behnke, werden lang vergangene Zeiten wieder zum Leben erweckt.

TERMINE

Internationales Ostblockfahrzeugtreffen: WE im Juli auf dem ehemaligen Flughafen Pütnitz (Flugplatzallee). Die Ausfahrt zwischen der Halbinsel Pütnitz und dem Ostseebad Dierhagen ist Kult! Näheres auf der Seite technikmuseum-puetnitz.de, ▸ S. 98

Hafenfest: 3. WE im Aug., Fr–So, Hafen Ribnitz. Drachenbootrennen, Marktstände, Kinderprogramm und Livemusik.

IN DER UMGEBUNG

Etwas Besonderes

Der **Gutshof Hessenburg** (🕮 F 6) von 1840 und sein Park, 14 km nordöstlich von Ribnitz, bilden das Zentrum des gleichnamigen Dorfs. Zum Badestrand am Saaler Bodden sind es 2 km. Das **Kranichmuseum** zeigt und erklärt zeitgenössische Kunstprojekte (in der Saison. Sa/So 11–17 Uhr, 5 €). Bemerkenswert sind die sieben Gästezimmer mit unverputzten Backsteinwänden. Zwei Ferienwohnungen liegen im ehemaligen Eishaus. In der alten Hofschmiede ist das **Kranich Café** untergebracht, das zur Zeit bei Veranstaltungen geöffnet ist.

Hessenburg/Saal, T 038223 66 99 00, https://kranichhotel.d/, DZ/FeWo €€

Ländliche Idylle

Beim **Freilichtmuseum Klockenhagen** (🕮 C 8) handelt es sich um ein liebevoll zusammengetragene Ensemble historischer Gebäude. Den Anfang machte der Bauernhof von Heinrich Peters, der 1970 der Stadt Ribnitz von seinem Besitzer für die Einrichtung eines Freilichtmuseums übergeben wurde. Seither sind viele historische Gebäude aus der Region dazugekommen, sie wurden abgetragen und hier wieder aufgebaut – die letzte noch erhaltene Bockwindmühle des Landes, rohrgedeckte Hallenhäuser, Landarbeiterkaten, Spritzenhäuser sowie eine Fachwerkkirche. In einem Tante-Emma-Laden gibt es Keramik, Aquarelle, Emaille-Geschirr, Besen und Bürsten. Familienfreundlich sind Mitmach- und Bastelangebote wie Filzen, Korbflechten, Backen am Holzofen. Duftende und nützliche Pflanzen findet man im Bauern-Kräuter-Garten. Die Gaststätte

Nonnenstaub erzählt Geschichte – **im Kloster Ribnitz**

Blattwendehölzchen, zerlesene Gebetbuchseiten, rötliche Zweige (Zauber, Magie, Aberglaube?), eine kaputte Brillenfassung und verblasste Andachtsbildchen – zahlreiche Fragmente profaner Alltagsgegenstände der Nonnen, aber auch anrührende Zeugnisse der Frömmigkeit vergangener Jahrhunderte wurden 2001 in den Hohlräumen unter dem Nonnengestühl im Chorsaal der Klosterkirche entdeckt.

Ob die Gegenstände versehentlich oder absichtlich unter die Sitzreihen gerieten, lässt sich nicht mehr sagen. Ausgestellt sind sie in der Klosterkirche. Wer die Tür neben der Kasse im Foyer des Bernsteinmuseums öffnet, betritt die ehemalige Klosterkirche: Gedämpftes Licht und Stille empfangen den Besucher im Raum unter der Nonnenempore, in der die Zeit des Klosters als Klarissenkonvent dokumentiert ist.

Ein Haus für Töchter aus gutem Hause

1323 stiftete **Herzog Heinrich II. von Mecklenburg,** genannt der Löwe, dem Franziskanerorden seinen Ribnitzer Hof und umliegende Ländereien für die Einrichtung eines Nonnenklosters. Zu den Bewohnern gehörte (seit 1327) auch seine erst fünf Jahre alte Tochter Beatrix, die bereits mit 25 Jahren zur Äbtissin gewählt wurde. In ihre Amtszeit fällt der Bau der Klosterkirche – das einzige, noch aus der Gründerzeit erhaltene Bauwerk und viele Jahrhunderte lang das Zentrum und Herz der Klosteranlage und des klösterlichen Alltags. Die 2001 entdeckten Alltagsrelikte, der sogenannte **Nonnenstaub,** liegen sorgsam angeordnet und beschriftet in Vitrinen mitten im Raum.

Die berühmten Ribnitzer Madonnen

An den Wänden des abgedunkelten Raumes reihen sich frei stehende Vitrinen mit Holzskulpturen, die einst die Altäre der Klosterkirche

Das Klarissenkloster in Ribnitz beherbergt auch das Deutsche Bernsteinmuseum – im Winter wie im Sommer.

schmückten. Die **Bildhauerarbeiten** sind Werke des 14.–16. Jh. Die Figur der heiligen Klara, um 1330 in Lübeck entstanden, begleitet das Kloster seit seiner Gründung. Nach der Reformation wurde das mecklenburgische Landeskloster Ribnitz – so wurde es fortan bezeichnet – ein evangelisches adliges **Damenstift** für unverheiratete Frauen. Ihnen ist die Ausstellung im Kirchenschiff gewidmet.

Die letzte Stiftsdame und Domina

Noch im Jahr ihrer Geburt wurde **Olga von Oertzen** von ihren Eltern als Exspektantin (Anwärterin) des Klosters eingeschrieben. Obwohl die Klöster 1920 offiziell aufgehoben und ihr Besitz verstaatlicht worden war, erstritt der klosterberechtigte Adel in einem aufsehenerregenden Prozess das Recht, die schon erteilten Anwartschaften auf die Klosterstellen auch zu bekommen. So konnte Olga von Oertzen im Oktober 1930 in das Haus Nr. 7 einziehen, das sie bis zu ihrem Tod im Jahr 1961 bewohnte. Zu ihrem 50. Todestag wurde ihr ein Denkmal gesetzt: Olga von Oertzen steht (in Bronze gegossen) mit ihrem Hund Optimus vor dem einstigen Dominahaus des Damenstifts. Die Inschrift gewährt einen weiteren unerwarteten Blick in den nachklösterlichen Alltag: »O.v.Oertzen war im Roten Kreuz engagiert für viele Flüchtlinge nach Kriegsende, aber auch Natur + Tierfreundin + Ostseebaderin, sprach Plattdeutsch, rauchte gern Zigarren.«

INFOS/ÖFFNUNGSZEITEN

Dame von Welt, aber auch Nonne: Ausstellung zur Geschichte des einstigen Klarissenkonvents und späteren Adligen Damenstifts Ribnitz, www.kloster-ribnitz.de. Öffnungszeiten und Eintritt wie Bernsteinmuseum (April–Okt. tgl. 9.30–18, Nov.–März Di–So 9.30–17 Uhr, 8,50 €).

Faltplan: D 8 | Cityplan S. 93

Vogelreich – Tiere von allen Kontinenten wohnen im Vogelpark Marlow. Ein Paradies für Entdecker in der freien Natur aber ist die schilfreiche Boddenküste. Fernglas nicht vergessen. Mit etwas Glück sieht man einen Seeadler kreisen.

Up dei Däl im Haus Strassen (von 1671), einem der schönsten Fachwerkhäuser der Region, bietet Mecklenburger Küche, hier finden auch Kräuter aus dem Bauerngarten Verwendung.
Mecklenburger Str. 57, 18311 Ribnitz-Damgarten, T 03821 27 75, www.freilichtmuseum-klockenhagen.de, April–Okt. Di–So 10–17, Juli/Aug. bis 18 Uhr, in der kalten Jahreszeit geschlossen, Erw. 10 €, Familien 23 €

›Ostblock‹-Technik

Im **Technikmuseum Pütnitz** (🕮 C 7) findet man in drei riesigen Flugzeughallen vom Zweirad über den Trabbi bis zur Flugzeugtechnik alles, was in den ehemaligen Ostblockländern bewegt wurde. Selbst steuern darf man einen russischen Lastwagen, einen Geländewagen und einen 18 m langen Gelenkbus. Mitfahren ist möglich im 8-Rad-Gelände-LKW und militärischem Kettenfahrzeug. (Videos und Preise findet man auf der Website!) Die Ausstellungspräsentation ist etwas altbacken, aber der Platz hat was! Kiosk und Spielplatz für die Lütten vorhanden.
Flugplatzallee, 18311 Ribnitz-Damgarten, OT Pütnitz, T 0170 223 58 50, www.technikmuseum-puetnitz.de, Juni–Aug. tgl. 10–16 Uhr, in der Vor-/Nachsaison nur am Wochenende geöffnet, s. Website, Erw. 9 €, Kinder (7–16 J.) 4 €, Tickets am besten online erwerben, Ticketkontrolle an jedem Hallentor

Tierparadies

Im 20 ha großen **Vogelpark Marlow** (🕮 Karte 2, G 4), 13 km südöstlich von Ribnitz-Damgarten, sind Vogelarten aus allen Erdteilen zu sehen – vom winzigen Zebrafinken bis zum afrikanischen Strauß aber auch Kängurus, Lemuren und Alpakas. Die Tiere leben in naturnah gestalteten Lebensräumen, einige der Anlagen sind begehbar. Am Eingang erhält man einen übersichtlichen Plan des weitläufigen Geländes. Bevor man losmarschiert, sollte man die Fütterungszeiten und Vorführungen studieren und seinen Rundgang danach einrichten (alle aktuellen Zeiten findet man auf der Website). Nicht verpassen sollten Sie die Schaufütterungen der Pelikane und Pinguine (in der Hauptsaison tgl. 11 bzw. 15 Uhr). Wer möchte, kann den Pflegern bei den Fütterungen der Vögel helfen (Anmeldung erforderlich, 30 €). Es gibt mehrere Selbstbedienungsrestaurants und Spielplätze. Mitten im Vogelpark laden auch einige originell und phantasievoll gestaltete Unterkünfte ein. Wie wäre es mit einer Übernachtung plus Schläfertour am Abend oder Frühaufstehertour am Morgen, bei denen einige der Tiere gefüttert werden. Ob sich Anreise und Eintritt lohnen? Ja, unbedingt!

Kölzower Chaussee 1, T 038221 265, www.vogelpark-marlow.de, Ende März–Anfang Nov. tgl. 10–18 Uhr, Rest des Jahres 10–15 Uhr, Hauptsaison Erw. 16,90 €, Kinder 3–16 Schüler/Studenten 12,90 €

Barth

J 4, Cityplan S. 104

Ob Vineta in der Vinetastadt Barth gelegen hat, ist nicht sicher. In jedem Falle aber blickt das beschauliche Städtchen am Barther Bodden auf eine bemerkenswert wechselhafte und wehrhafte Vergangenheit zurück. Ein hervorragender Blick auf den gut erhaltenen historischen Stadtkern bietet sich vom Turm der mittelalterlichen Backsteinkirche St. Marien.

Im Schutz der Wälle

Zum Schutz gegen Hochwasser ist die Altstadt weitgehend von Wällen umschlossen, die in der Vergangenheit zugleich Bestandteil der Stadtbefestigung waren. In die Stadt gelangte man über vier Tore. Das um 1350 erbaute **Dammtor** 1 ist das Wahrzeichen der Stadt. Auch der 12 m hohe **Fangelturm** 2 aus dem 16. Jh. gehörte zu den Stadtwehranlagen, er diente als Gefängnis und Folterkeller. Heute laden die – 1786 erstmals mit Linden bepflanzten – Wälle (Stadt-, Bleicher-, Friedhofs-, Sport- und Langer Wall) zu Spaziergängen ohne Autoverkehr ein.

Vineta – echt jetzt?

Im heutigen Stadtgebiet von Barth lagen mindestens zwei bedeutende slawische Burgen. Als zwei Berliner Wissenschaftler Ende der 1990er-Jahre fundiert und eloquent die sagenhafte, vom Meer verschlungene Stadt Vineta hier verorteten, nutzte der damalige Bürgermeister die Chance, den Namen Vineta (als Marke) zu sichern – ein kleiner Geniestreich, der viele Besucher in die Vinetastadt und ins Vinetamuseum lockt. Nicht zuletzt aber auch dank seiner attraktiven Lage und der umfassenden Sanierung des historischen Stadtkerns seit Anfang der 1990er-Jahre hat sich Barth als Erholungs- und Urlaubsort etabliert.

St. Marien am Markt

Die von weitem sichtbare **St. Marien Kirche** 3 erhebt sich 85 m über dem Meeresspiegel. In dem zwischen 1250-1450 errichteten Bau der Backsteingotik erklingt zu Sommerkonzerten die Buchholz-Orgel mit 42 Original-Registern (von 1821). Die nördliche Seitenhalle beherbergt ein kleines Museum zur Kirchengeschichte. Attraktiv ist die Besteigung des Kirchturms (180 Stufen), inklusive Besichtigung der Kirchengewölbe und Glocken. Infos und Anmeldung im **Lesecafé St. Marien** im lila Haus gegenüber der Kirche. Es lädt auch zu einer Pause ein, zu Kaffee und Tee, zum Klönen oder Lesen.

Papenstr. 7, www.ev-kirche-barth.de, in der Saison tgl. geöffnet, im Winterhalbjahr nur Mo–Fr, Turmbesteigung während der Öffnungszeiten möglich; Lesecafé, Papenstr. 6, in der Saison Mo–Mi, Fr, Sa 10–16, Do 13–16 Uhr

Vineta-Mythos

Das kleine regionalgeschichtliche **Vineta-Museum** 4 ist seit 1997 in einem Kaufmannshaus aus dem 18. Jh. untergebracht, das von 1870 bis 1946 als städtisches Rathaus diente. Auf vier Etagen findet man heute regelmäßig wechselnde Ausstellungen zur Geschichte der kleinen Boddenstadt, seiner Bewohner und Gäste, deren Werke Spuren hinterlassen und überregionale Bedeutung erlangt haben. In der obersten Etage widmet sich das Museum dem Vineta-Mythos. Sehr interessant ist die Präsentation des Quellenmaterials, das begründet, warum das versunkene Vineta in Barth gelegen haben könnte.

Lange Str. 16, T 03823 817 71, www.vineta-museum.de, Di–Fr 10–17, Sa/So 11–17 Uhr, im Winter Sa/So geschl., 7 €

Hafenbummel

Zu DDR-Zeiten war in Barth einiges los, Industriebetriebe wie der VEB Schiffsanlagenbau Barth, die VEG Saatzucht Barth, das Betonwerk, die Brauerei, die Zuckerrübenfabrik, die Bootswerft und die Fischfabrik boten Tausende von Arbeitsplätzen. Mit der Wende und dem Einbruch von Absatzmärkten – es bestand kaum noch Nachfrage nach regionalen Produkten – mussten viele Betriebe schließen. Zu Beginn der 1990er-Jahre machte der **Barther Stadthafen** einen trostlosen, verlassenen Eindruck. Seither hat sich viel getan. Die ehemalige Barther Fischkonservenfabrik am Osthafen wurde abgerissen. Aus einem ehemaligen Getreidespeicher am Hafen wurde der **Speicher Barth 5**, ein Vier-Sterne-Hotel mit Restaurant. Auch Außerhausgäste können den fantastischen Blick über den Hafen im Wintergarten oder auf der Sommerterrasse genießen (www.speicher-barth.de). In prominenter Lage liegt das moderne **Steuerhaus 6** (mit Hafenmeisterbüro). Eine attraktive Flaniermeile mit maritimer Gastronomie lädt zu einem Hafenbummel ein.

Bibelwelt Barth

Um 1310 wird vor den Toren der Stadt Barth erstmals ein Leprahospital erwähnt. Diese Art von ›Auffanglager‹ für Aussätzige, die Lepra und andere ansteckende und damals unheilbare Krankheiten hatten, gab es in allen größeren Städten. 1730 wurde das Kirchenschiff der zum Hospital gehörenden Kapelle Sankt Jürgen zu einem Armenhaus mit kleinen Zimmern umgebaut, der Altarraum blieb als sakraler Bereich erhalten. Seit 2001 beherbergt **St. Jürgen** die Ausstellung des **Niederdeutschen Bibelzentrums 7**, wobei allein schon der mittelalterliche Kirchenraum mit seinen Wandmalereien und das zu Wohnkammern ausgebaute Kirchenschiff als historischer Ort einen Besuch lohnen.

Das Herzstück der Ausstellung ist die berühmte »Barther Bibel«, eine niederdeutsche Übertragung des Luthertextes, die in der 1588 gegründeten Förstliken Druckerye entstand (die ehemalige Hofdruckerei wurde später Adeliges Fräuleinstift, das heute für Senioren zum betreuten Wohnen genutzt wird, Hunnenstr. 1). In dem kleinen, hübsch angelegten Bibelgarten wachsen über 1000 Pflanzen, deren Namen durch christliche bzw. biblische Ereignisse und Personen geprägt sind.

Sundische Str. 52, T 03823 17 76 62, www.bibelzentrum-barth.de, Di–Fr 10–17 Uhr, 4,50 €, Führungen im gelben Haus April–Okt. Do 15 Uhr, 4,50 €, Führungen durch den Bibelgarten ab Mitte Mai Mi 15 Uhr, 3,50 €

Vorhang auf

Aus dem ehemaligen Kulturhaus der Barther Zuckerfabrik ist das **Theater Boddenbühne 8**, eine Spielstätte der Vorpommerschen Landesbühne, geworden. Ein fantasievolles, lebenspralles Highlight ist das **Theater-Sommer-Spektakel** auf der großen Freilichtbühne am Hafen.

Trebin 35a, T 03971 268 88 00, www.vorpommersche-landesbuehne.de/ort/barther boddenbuehne

In fremden Betten

Blick über den Barther Bodden

Pension & Restaurant Sur la Mer 1

Familiäre, sehr freundlich geführte Pension mit sieben geräumigen Zimmern. Auf der Speisekarte stehen Pasta, Burger, Fisch und Fleisch (€€). Köstlich die selbst gebackenen Torten, im Sommer auf der Terrasse!

Am Westhafen 24, T 038231 49 97 20, €€

Übernachtung für Kranichfreunde

Naturcamp Pruchten 2

Familienfreundlicher Vier-Sterne-Campingplatz wenige Kilometer nordwestlich von Barth (🕮 H 4). Im Frühling und Herbst ziehen morgens und abends die Kraniche vorbei. In unmittelbarer Nähe des Campingplatzes liegen (abgeerntete) Felder, auf denen sie sich schon mal niederlassen. Es gibt Ferienwohnungen, Mobilheime, Holzblockhütten, Zelt-,

Zur Ausstellung der Bibelwelt Barth gehört die berühmte »Barther Bibel«..

Wohnwagen- und Wohnmobilstellplätze (Preise auf der Website); außerdem: Minimarkt, Restaurant und Fahrradverleih.
Am Campingplatz 2, 18356 Pruchten, T 038231 20 45, www.naturcamp.de

Satt & glücklich

Gerne immer wieder
Galerie Café Barth 1
Liebevoll geführtes Café am Markt mit hübschem Innenhof und Platz für Kunst und Kunsthandwerk. Leckeres Frühstück, Kuchen und herzhafte Snacks.
Klosterstr. 1, T 038231 49 90 57, www. galerie-cafe-barth.de, in der Saison tgl. 9–17 Uhr, im Winter Mo/Di Ruhetag, €

Stöbern & entdecken

Unikate
Galerie Meeres-Rausch 1
Treibholz, Muscheln, Steine, Seegras, Bernstein – gesammelt am Meer (gerne am Darßer Weststrand) und zusammengefügt zu Collagen, Kerzenhaltern, Bilderrahmen, Skulpturen. Wer sich schon mal einstimmen möchte, kann im Online-Shop vorbeischauen.
Am Westhafen 16, T 0173 378 27 55, www.meeres-rausch.de,aktuelle Öffnungszeiten s. Website

Wenn die Nacht beginnt

Entspannt am Fischerpier
Jambolaya 1
Am Hafenkai liegen die Schiffe Merdok und Granitz, die in der Saison zu Bier und Räucherfisch einladen. Sympathisches Ambiente, noch netter aber ist ein paar Schritte weiter dieses Café und Cocktailbar am hintersten Ende des Hafens; ab und zu Livemusik.
Am Osthafen 3, www.jambolaya.de, in der Saison tgl. 14–24 Uhr, im Winter Do/Fr ab 18, Sa, So ab 14 Uhr

Infos

Barth Information: im Vineta Bürgerhaus, Papenstr. 8, 18231 Barth, T 038231 374 00, www.stadt-barth.de. Auch Verkauf von Touristenfischereischeinen und Angelerlaubniskarten für die Küstengewässer.
Fährverkehr Barth-Zingst: ab Stadthafen, April–Okt. 6–8 x tgl., Fahrräder können mitgenommen werden, www.reederei-poschke.de.

Wo die Kraniche futtern – **beim Kranorama**

Überall rechts und links der boddennahen Landstraßen zwischen Bodstedt und Stralsund sieht man sie im Herbst auf abgeernteten Feldern stehen. Bis etwa Ende Oktober stärken sich die majestätischen Tiere für den Weiterflug in die südlichen Winterquartiere. Um Konflikte mit den Landwirten zu reduzieren, wird zusätzlich Futter ausgestreut. Ein Eldorado für Tierfotografen.

Vögel auf den Feldern anzupirschen mit der Kamera bringt nichts – und ist ein absolutes No-Go! Kraniche sind scheu, schon bei Annäherung auf 300 m fliegen die grauen Majestäten auf und davon. Mit dem Auto am besten am Straßenrand parken, das Fenster herunterkurbeln und nicht aussteigen. Und auf grellhelle Kleidung verzichten!

Kraniche beobachten, nicht stören

Kurz vor Günz liegt die Beobachtungsstation **Kranorama** 1 Schon der Weg vom Parkplatz bietet Infotafeln mit faszinierenden Naturaufnahmen. Ein neugieriger erster Blick aus den weiten Fensterluken des Kranoramas über die Günzer Seewiesen. Ein Wiesenstück ist abgemäht, Futter ausgestreut, der Tisch ist gedeckt.

An der Zarrenzinrinne: Ob die Kraniche auf dem Weg zu ihren Schlafplätzen hier vorbeikommen, ist nicht sicher.

Beste Aussichten

Ein Ranger steht Rede und Antwort zu Flugrouten, Winterquartieren, Brutverhalten und Besonderheiten der silbergrauen Schönheiten mit Flügelspannweiten über 2 m. Wussten Sie, dass die Kraniche **Allesfresser** sind und wie die Reiher und Störche zu den Schreitvögeln zählen. Dass sie in Dauerehe leben und sich zu gleichen Teilen um den Nachwuchs kümmern? Dass sie in Gefangenschaft ein Alter von bis zu 40 Jahren erreichen, ihre Lebenserwartung in freier Wildbahn aber weit geringer ist, höchstens 25 Jahre? Stundenlang könnte man zuhören und gucken. Ein Reh spaziert zwischen den ruhig äsenden Kranichen. Beeindruckend und gut zu erkennen mit bloßem Auge, eine Sensation aber wird es, wenn man durch eines der aufgestellten Ferngläser guckt. Unruhe unter den Kranichen, Aufregung auch unter den Fotografen, sie rücken ihre (Paparazzi)-Objektive zurecht. Ein Adler im Anflug?

Kranich-Utkiek Bisdorf 3: Von der Hütte blickt man in Richtung Windwatt und Bock, grandios zum Einflug der Kraniche am Abend, ebenso am Morgen, wenn sie ihre **Schlafplätze** wieder verlassen.

INFOS/ÖFFNUNGSZEITEN

Kranorama 1: südwestlich von Günz, im Frühjahr und Herbst tgl. geöffnet. Für private Besucher ist der Besuch frei. Ambitionierte Naturfotografen (Stativ, Brennweite ab 300 mm) beteiligen sich (im März, Sept./Okt.) an den Kranich-Fütterungskosten mit je 5 € pro Besuch, www.kraniche.de.

Kranich-Informationszentrum 2: Eine Ausstellung, ein Film und engagierte Mitarbeiter informieren über die Vögel des Glücks. Hier erhalten Sie auch Informationen zum aktuellen Zuggeschehen der Kraniche und Tipps zu den besten Beobachtungsplätzen von Kranichen, angeboten werden auch zahlreiche Kranich-Exkursionen. Lindenstr. 27, 18445 Groß Mohrdorf, T 038323 805 40, www.kraniche.de, März/April tgl. 10–16, Mai–Juli, Nov. Mo–Fr 10–16, Aug. tgl. 10–16.30, Sept./Okt. tgl. 9.30–17.30, Nov. Mo–Fr 10–16 Uhr, Spende willkommen.

Fotoverleih Zingst: Vermietet werden Objektive, Stative, Ferngläser und Zubehör. Nutzerfreundlich: das Kranich- oder Landschaftspaket. Info Max Hünten Haus in Zingst, s. auch www.zingst.de/verleihservice-zingst.

Faltplan: M 4

BARTH

Sehenswert
1 Dammtor
2 Fangelturm
3 St. Marien
4 Vineta-Museum
5 Speicher Barth
6 Steuerhaus
7 Niederdeutsches Bibelzentrum
8 Theater Bodden-bühne

In fremden Betten
1 Sur la Mer
2 Naturcamp Pruchten

Satt & glücklich
1 Galerie Café Barth

Stöbern & entdecken
1 Meeres-Rausch

Wenn die Nacht beginnt
1 Jambolaya

TERMINE

Tonnenabschlagen: Mitte Mai
Barther Kinderfest: Sa Ende Juni/Anfang Juli. Es gehört seit 2016 zum immateriellen Kulturerbe Deutschlands.
Barther Schützenfest: Anfang Aug.
Segel- und Hafentage: Anfang Aug. Mit viel maritimem Flair
Zeesbootregatta: Ende Aug.
Barther Metal Open Air: Aug. Seit 1999 durchgeführtes Heavy-Metal-Festival. Das Festivalgelände liegt südlich des Zentrums und ist in nur 5 Min. Fußweg vom Bahnhof zu erreichen.

IN DER UMGEBUNG

Gartenpracht

Das etwa 15 km südlich von Barth gelegene Dorf **Starkow** (🕮 J 7) lohnt einen Ausflug. Die Backsteinkirche stammt aus dem 13./14. Jh., das sehenswerte Ensemble mit Pfarrhaus, Schul- und Küsterhaus, Pfarrscheune, Predigerwitwenhaus entstand im 18. Jh. Frei zugänglich ist der bildhübsche Pfarrgarten mit (barockem) Ziergarten, Nutzgarten, Streuobstwiese. Ein Verein kümmert sich um Obstbäume, Rosen und ein altes Bienenhaus, in der alten Pfarrscheune wird Kaffee und frisch gebackener Kuchen angeboten.

Kirchsteig 9, 18469 Starkow, T 038324 65 6 92, www.starkow.net, Café: Ostern bis Ende Okt., Sa/So 13–18 Uhr

Übernachten in Starkow

Wem es in Starkow gefällt, der kann sich einquartieren in den **Ferienwohnungen Apfelgarten** und **Birnengarten** (www.starkow.net/uebernachten.html).

Abstecher nach Stralsund

Stralsund (🕮 O/P 5/6) ist eine faszinierend facettenreiche Stadt - urban und jung, zugleich alt und ehrwürdig. Am 31. Okt. 1234 verlieh Fürst Wizlaw von Rügen der kleinen Ortschaft am Strelasund das lübsche Stadtrecht. Mit dem Beitritt zum Bund der Hanse im Jahre 1293 war dann der Grundstein für die Entwicklung zu einer der einflussreichsten Handelsstädte im südlichen Ostseeraum gelegt. Seit 2002 gehört sie dank ihrer prachtvollen Architektur im Stil Backsteingotik zum **UNESCO-Weltkulturerbe**. Einen Stadtbummel beginnt man am besten im Herzen der Stadt: Am **Alten Markt** erhebt sich die mächtige (1276 erstmals erwähnte) **Nikolaikirche**. Das Innere erstrahlt in einer unglaublichen Farbigkeit und birgt eine überwältigende Fülle an sakralen Kunstschätzen. Auch das **Rathaus** mit seiner von sechs Dreiecksgiebeln gekrönten Fassade und das prachtvolle Wulflamhaus aus dem 14. Jh. künden von der Macht und dem Reichtum vergangener Tage. Fünf Spazierminuten südlich des Marktes liegt das Mitte des 13. Jh. gegründete **Kloster St. Katharinen**. Es beherbergt zwei über die Landesgrenzen hinaus bekannte Museen (wg. Umbau und Modernisierung vorauss. bis 2025 geschl.): Das **Stralsund Museum** ist berühmt für den Goldschmuck von Hiddensee – ein herausragendes Beispiel wikingischer Goldschmiedekunst (www.stralsund-museum.de). Nebenan das **Meeresmuseum**, das schon vor dem Umbau wegen der gelungenen Verbindung von mittelalterlicher Architektur und moderner Ausstellung eine Besichtigung lohnte (www.meeresmuseum.de). Drei Brücken führen auf die **Hafeninsel** östlich des Alten Marktes - wunderbar zum Flanieren, Schiffe gucken, hier gibt es auch leckere Fischbrötchen vom Fischkutter! Der größte Besuchermagnet aber ist das **Ozeaneum**, dessen moderne Architektur mit großen Glasfronten und fensterlosen Betonflächen einen bemerkenswerten Kontrast zu den alten backsteinernen Speichern bildet. Über eine lange, schwebende Rolltreppe gelangt man in die Welt der nördlichen Meere, grandios! (www.ozeaneum.de, Juli/Aug. tgl. 9.30–20, Sept.–Juni bis 18 Uhr, 18 €). **Tourismuszentrale:** Alter Markt 9, T 03831 25 23 40, www.stralsundtourismus.de. Mai–Okt. Stadtführungen tgl. um 11, ab Mai auch 14 Uhr.

Die moderne Fassade des Ozeaneums

Aussichtsreich – **am Barhöfter Steilufer**

Am nördlichsten Festlandskopf der deutschen Ostseeküste liegt der Hafen von Barhöft. Durch Zufall kommt man nicht hierher, man muss es schon wollen. Man entdeckt ein zauberhaftes Stück Nationalpark Vorpommersche Boddenlandschaft, das zu keiner Zeit überlaufen ist.

Das Auto bleibt auf dem (gebührenpflichtigen) Parkplatz am Ortseingang der ehemaligen Lotsensiedlung stehen, von hier sind es noch gut fünf Minuten zum Hafen. Die Straße passiert wenig attraktive frühere Kasernen und Neubaublocks. Umso erfreulicher dann der Anblick des **Barhöfter Hafens** 1: Nicht selten liegt hier ein Lotsenboot vor Anker. Lotsen gründeten den Orte und noch immer lotsen sie die Schiffe nach Stralsund und wieder zurück in die Ostsee. Ganzjährig liegen auch ein bis zwei Fischkutter im Hafen, in der Saison kommen noch einige dazu. (Tipp: in der Regel laufen sie zwischen 11–15 Uhr wieder ein, dann gibt's Fisch frisch vom Kutter zu kaufen!). Im Sommerhalbjahr stechen von hier aus auch kleine Ausflugsschiffe und Segeljollen in See. Ein kleiner Badestrand, ein Café, ein Restaurant und Schiffer, die Angler mit hinaus nehmen.

Chillen an der Zarrenzinrinne, würde wohl jeder gern!

Ein Kliff, das kein Kliff mehr ist

Der Blick schweift hinüber zum bewaldeten Bock. Die Insel ist jung: Um 1900 wurde die Vierendehl-Rinne ausgebaggert, um die Zufahrt nach Stralsund zu erleichtern. Zur Festigung der aufgespülten Sandbank wurden dort zwischen 1906–1944 über 5 Mio. m² Sand abgelagert und Bäume angepflanzt. Im Windschatten der heranwachsenden Sandinsel kam das **Barhöfter Kliff** westlich der Ortschaft zur Ruhe. Erste zarte Pflanzen siedelten sich an, heute ist das Kliff eine dicht bewaldete Wildnis.

Vom Hafen hat man einen guten Blick über das ausgedehnte Windwatt (den sogenannten **Vierendehlgrund**). Dort halten sich häufig Adler auf: Bei hohem Wasserstand sitzen sie auf Seezeichen, ansonsten auf den trocken gefallenen Wattflächen.

Das Haus am Kliff

Auf schattigem Waldweg wandert man vom Hafen zur 2015 neu eröffneten **Haus am Kliff** 2. Die

Nationalpark-Ausstellung informiert über die besonderen Landschaftsformen – Kliff, Windwatt, Ostsee, Bodden – Dioramen zeigen Pflanzen und Vögeln der Küste. Vom **Aussichtsturm** 3 gleich nebenan – 1986 von der Grenzbrigade Küste als Nachfolger des 1963 gebauten Beobachtungsturms in Auftrag gegeben – bietet sich eine fantastische Aussicht über die Insel Bock hinaus auf die Ostsee, hinüber zum Hochland von Hiddensee bis nach Rügen und zum Strelasund.

Utkiek in den Salzwiesen

Wieder auf dem Hauptweg, wendet man sich nach links, um auf angenehmem Waldweg nach Zarrenzin weiterzuwandern. Gesäumt von Buchenwald zur Linken, Schlehen, Wildrosen (schöne Hagebutten im Herbst!), Wollgraswiesen und Schilffelder zur Rechten. Wem der Turm zu luftig war, kann den Ausblick von einem **Vogel-Utkiek** 4 im Schilfgürtel genießen. Ein Segler gleitet vorbei. Der Wanderweg endet – nein nicht in einem Dorf, sondern auf einem großen, fast immer leeren Parkplatz. Das 1296 erwähnte Dorf Zarrenzin ist verschwunden. Wohin und wann?

Ein schmaler Pfad führt Sie zu einer weiteren **Aussichtsplattform** 5 in den Salzwiesen. Zur Kranichzeit wimmelt es auf der leicht erhöhten Plattform von Fotografen und Vogelfreunden. Den langen Rest des Jahres ist man hier fast immer allein und genießt den Blick über die Zarrenzinrinne auf das Kleine Werder bis nach Zingst. Der letzte freie Zugang zur Ostsee.

INFOS/ÖFFNUNGSZEITEN

Wanderweg: Länge 5,8 km, ca. 2 Std.
Aussichtsturm: tgl. von 6–22 Uhr per Drehkreuzeinlass zugänglich, 1-€-Münze erforderlich
Hafen Barhöft: Angelfahrten, Bootsverleih, Unterkunft, auf drei Seiten von Wald umgeben ist der **Caravanstellplatz** mit maximal 24 Standplätzen, 350 m vom Hafen, T 038323 531, www.sprenger-barhoeft-maritim.de

VERSORGUNG

Ganzjährig liegen ein bis zwei Fischkutter im Hafen. Saisonabhängig laufen sie zwischen 11 und 15 Uhr mit frischem Fang wieder ein.

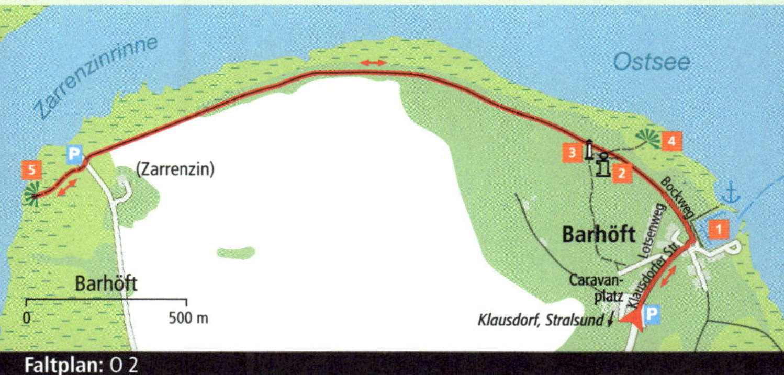

Hin & weg

ANREISE

Mit dem Auto
Viele Wege führen auf den Darß. Solange man sich noch auf dem Festland befindet, hat man die Wahl zwischen mehreren Routen. Über die Halbinselkette selbst führt dann nur eine Straße, die L21, auch Bäderstraße genannt.
Klassische An- und Abfahrtsroute: Von Westen (Hamburg/Lübeck/Wismar) geht die Fahrt auf der A20 bis zum Autobahnkreuz Rostock. Von Berlin aus erreicht man dieses über die A 24 und A19. Vom Autobahnkreuz geht es auf der A19 bis zur Abfahrt (6) Rostock-Ost, ab hier folgt man der B105 in Richtung Stralsund bis zur Abfahrt Altheide (5 km vor Ribnitz-Damgarten) in Richtung Fischland. Der Reiseverkehr in der Hochsaison führt vor allem am Wochenende und Feiertagen zu Staus. Dann empfiehlt es sich, vom Kreuz Rostock auf der A20 weiterzufahren und die Ausfahrt (18) Sanitz zu nehmen und der B110 Richtung Ribnitz-Damgarten zu folgen.
Aus Richtung Osten folgt man der B 105 (von Stralsund) Richtung Rostock – Abfahrt in Löbnitz nach Barth und über die Meiningenbrücke in Richtung Zingst/Prerow. Diese Strecke ist insgesamt weniger befahren. Allerdings sind hier die Öffnungszeiten der Meiningenbrücke zwischen der Halbinsel und dem Festland zu beachten. Sie wird bei Bedarf geöffnet, um den Schiffsverkehr passieren zu lassen (der Straßenverkehr ruht dann für max. 30 Min., meist eher weniger). Übrigens: Das Parken am Straßenrand an der Meiningenbrücke ist verboten! Zur Kranichzeit im Herbst finden hier vermehrt Kontrollen der Polizei statt.
Brückenöffnungszeiten: Anfang April bis Mitte Sept. tgl. um 7.45, 9.45, 17.45 und 20 Uhr, Mitte Sept bis Ende Okt. tgl. 9.45 und 17.45 Uhr, Nov.–März Di 10.30 Uhr, keine Öffnungen an gesetzlichen Feiertagen, Info: www.zingst.de/meiningenbruecke.

Mit Bahn und Bus
Über Rostock oder Stralsund erreicht man Ribnitz-Damgarten (West) und auch Barth. Bahnreisende müssen hier aussteigen: die Halbinsel Fischland-Darß-Zingst hat keine Bahnverbindung. Weiter geht es mit dem Bus. Die Buslinie 210 (Ribnitz–Damgarten–Born–Barth) fährt sämtliche Orte auf Fischland-Darß-Zingst an (in der Saison etwa stündlich zwischen 6 und 20 Uhr, Sa/So im 2-Stundentakt, im Winter seltener). Info: www.nvp-bus.de.
Im Internet kann man auf www.bahn.de den gewünschten Zielort eingeben,

MEININGENBRÜCKE UND DARSS-BAHN

1910 rollten die ersten Züge über den Meiningenstrom: von Barth über Zingst nach Prerow. Ein Segen für die Entwicklung des Badetourismus. Nach dem Zweiten Weltkrieg wurden die Bahngleise als Reparationsleistung abgebaut, seither dient die stählerne Drehbrücke nur noch als (einspurige) Straßenbrücke, die für Schiffspassagen zu festen Zeiten geöffnet wird. Als sie dem wachsenden Verkehrsaufkommen nicht mehr gerecht werden konnte, entstand Ende der 1980er-Jahre parallel zu ihr eine Pontonbrücke. Der Bau einer neuen kombinierten Straßen- und Eisenbahnbrücke ist seit langem im Gespräch. Streitpunkte gab es dabei viele zwischen Bund, Land und Deutscher Bahn. Nach schwierigen Verhandlungen einigten sich Bund und Land 2020 auf eine Finanzierung. Am 18. August beschloss die Landesregierung Mecklenburg-Vorpommern die Wiedererrichtung der Strecke von Barth – Prerow. Voraussichtliche Inbetriebnahme 2028.

auch wenn dieser keinen Bahnanschluss hat. Die passende Busverbindung wird angezeigt.

Mit dem Fernbus
In der Saison (März–Okt.) gibt es direkte Busverbindungen aus ganz Deutschland auf die Halbinsel. Ganz bequem mit Steckdose und WLAN, Info: www.flixbus.de. Die UBB-Fernbuslinie fährt von Berlin und Hamburg zum Fischland/Darß, Info: www.ubb-online.com.

Mit dem Flugzeug
Der Flughafen Rostock-Laage verfügt ganzjährig über Linienverbindungen von und nach Stuttgart und München, via Bustransfer (sollte vorher angemeldet werden) geht es weiter direkt auf den Darß, Info: www.rostock-airport.de.

Mit dem Schiff
Verschiedene Reedereien bieten von den Festlandhäfen Ribnitz-Damgarten, Barth und Stralsund in der Saison (ab Ostern bis Ende Oktober) Linienfahrten (inkl. Fahrradtransport) über den Bodden an. Die Anreise mit dem Schiff ist großartig und etwas Besonderes! Eine Übersicht über Linien- und Rundfahrten bietet www.fischland-darss-zingst.de/aktivitaeten/aktiv-in-der-natur/fahrgastschiffahrt/.

FESTE/TRADITIONELLE TERMINE

Zeesbootregatten und Tonnenfeste zählen zu den Veranstaltungshöhepunkten auf der Halbinsel. Gäste sind willkommen. Haben Sie Lust? Die Termine stehen schon fest:

Zeesbootregatten
Juni: 3. Sa Zingster Zeesboot- und Netzbootregatta
Juli: 1. Sa Wustrower Zeesbootregatta, 3. Sa Dierhäger Zeesbootregatta, letzter Samstag Kleine Fischländer Wettfahrt/Wustrow
September: 1. Sa Große Bodstedter Zeesbootregatta, 3. Sa Althäger Fischerregatta

Tonnenabschlagen
Februar: 3. Sa, Fastnachtstonnenabschlagen in Born
Juni: 3. Sa Barth, 4. So Wieck
Juli: 2. So Wustrow, 3. So Ahrenshoop. 4. Sa Klockenhagen, 4. So Prerow
August: 1. So Born, 2. Sa Dierhagen (Flutlicht-Tonnenabschlagen)

INFORMATIONSQUELLEN

Tourismusverband Mecklenburg-Vorpommern: Konrad-Zuse-Str. 2, 18057 Rostock, T 0381 403 05 00, www.auf-nach-mv.de
Tourismusverband Fischland-Darß-Zingst: Im Kloster 15, 18311 Ribnitz-Damgarten, T 03821 88 92 60, www.fischland-darss-zingst.de
Alle größeren Orte besitzen eine Touristen-Information oder eine Kurverwaltung, die gegen eine freiwillige Portogebühr kostenloses Informationsmaterial verschicken, ein Großteil des Materials gibt es auch im Internet als Download. Die Touristen-Informationen vor Ort sind ganzjährig Mo–Fr, in der Saison auch Sa und So geöffnet, die Adressen sind im jeweiligen Kapitel des Reiseteils vermerkt.

KINDER

Strand, Sonne und Meer – die besten Zutaten für einen Urlaub mit Kindern. Dazu eine überwältigende Fülle an Veranstaltungen speziell für Kinder und grandiose Ausflugsmöglichkeiten, hier eine Auswahl:
Born: Erlebnishof Gut Darß. Kletterwald, Minigolf-Anlage, Kinderspielplatz, Streichelgehege, www.gut-darss.de
Prerow: Natureum und Leuchtturm Darßer Ort. Zugänglich nur zu Fuß, per Fahrrad oder Kutsche, tolle Aussicht, schöne Ausstellung, super Strand.
Zingst: Experimentarium. Spannende Experimente, Theater Veranstaltungen selber werkeln, Erlebnisspielplatz, Info: www.zingst.de/de/aktivitaeten/familienurlaub
Ribnitz-Damgarten: Deutsches Bernsteinmuseum. Faszinierende

Sammlung, umfangreiches Programm für Familien, Bernsteinschleifen, Experimente, Urzeitinsekten aus Papier basteln, www.deutsches-bernsteinmuseum.de.
Ribnitz-Damgarten: Bodden-Therme – Baden bei jedem Wetter, mit Sportbecken, Wellenbecken, Babybecken, Wasserrutsche, www.bodden-therme.de
Klockenhagen: Freilichtmuseum Klockenhagen – interessant: das Leben, wie es früher war, viele Mitmachangebote wie Brotbacken, Korb flechten, einfache Holzspielzeuge aus Holz bauen, www.freilichtmuseum-klockenhagen.de.
Körkwitz: Wasserskianlage und Wassertrampolin. Ein schöner Ort für die ganze Familie, Wakeboarden, Wasserski, leckere Burger.
Marlow Vogelpark: Ein lohnendes Ausflugsziel auch von weiter her: sehr schöner Rundgang, in der Saison tgl. Flugshow mit Greifvögeln und Eulen, tgl. Tiershow mit Papagei, Pelikan, Schaufütterungen, u.a. Pinguine, Lemuren, Weißstörche, dazu tolle Spielplätze und Übernachtungsmöglichkeiten, www.vogelpark-marlow.de
Rövershagen: Karls Erlebnis-Dorf. Ein Tipp für die Anreise, Karls Erdbeerhof liegt direkt an der B105. Wer von Westen anreist, kommt hier vorbei. Grandiose Spiel- Kletter- und Rutschmöglichkeiten, ein Großteil sogar kostenlos, verschiedene Manufakturen (auch Bonbons), Essen für jeden Geschmack, www.karls.de.
Stralsund: Ozeaneum. Er gehört zu einem Urlaub einfach dazu, schon wegen der faszinierenden Aquarien. Publikumslieblinge sind die Humboldt-Pinguine auf der Dachterrasse gleich neben dem Meer für Kinder, vielseitiges Familienprogramm in den Sommerferien, www.ozeaneum.de.

GEFAHREN AN STEILKÜSTEN

An den aktiven Steilküstenabschnitten – Hohes Ufer zwischen Wustrow und Ahrenshoop sowie am Darßer Weststrand – besteht infolge des ständigen Küstenrückgangs die Gefahr von Kliffabbrüchen und Hangrutschungen. Bei Sturmfluten kann es zur Unterspülung des Hangfußes kommen. Vorsicht, Überhänge an der Kliffkante sind von oben nicht einsehbar! Auch lange Perioden mit Starkregen, Frost-Tau-Wechseln sowie rasche Schneeschmelze führen zur Instabilität des Kliffs. Warn- und Hinweisschilder verweisen auf die aktuelle Gefahr, Wanderwege werden gesperrt oder verlegt.
Wo kann man sich informieren? Das Bundesamt für Seeschifffahrt und Hydrographie warnt vor Sturmfluten (www.bsh.de). Bei Sturm und Hochwasser sollte man Spaziergänge an den Steilküsten vermeiden. Der Geologische Dienst führt ein Geo-Gefahrenkataster und benennt das Gefahrenpotenzial einzelner Steilküstenabschnitte (www.lung.mv-regierung.de).

KLIMA UND REISEZEIT

Das milde **Reizklima** an der Ostseeküste ist mit einer jodhaltigen Luft und vor allem am Wasser intensiven Sonneneinstrahlung gesundheitsfördernd. Eine frische Brise ist charakteristisch für das Küstenwetter. Sie reißt die Wolkendecke auf und sorgt für häufige Wetterwechsel. Ein Tag kann trübe beginnen und strahlend enden. Es gibt selten mehrere Regentage hintereinander. Das Meer speichert die Kälte des Winters, darum kommt der Frühling später, es speichert aber auch die Wärme des Sommers, weshalb der Herbst oft wunderbar milde Tage bietet. Im Vergleich zum Landesinnern sind die Frühlings- und Sommertemperaturen niedriger und die Herbst- und Wintertemperaturen höher.
Die beliebteste Reisezeit liegt in den Bademonaten **Juli und August.** Das Strandleben pulsiert, Surfer und Segler tummeln sich auf dem Wasser, an Schönwetterwochenenden kommt es auf dem Weg an die Küste leicht

zum Stau. Im August hat die Ostsee ihre höchste Durchschnittstemperatur (etwa 18° C) erreicht, in den geschützten Badebuchten am Boddenufer steigt die Wassertemperatur in schönen Sommern auf über 20 °C.
Ein hinreißend schöner Reisemonat ist der **September,** wenn das Meer noch warm genug zum Baden ist, der Hauptschwung der Gäste aber schon wieder nach Hause gereist ist. Gegen Ende des Monats fliegen dafür dann die ersten Kraniche ein.
Im **Oktober** wechseln sich windstille sonnige Tage mit Sturmtagen ab. Im Darßwald verfärbt sich das Laub. Orangefarbene Sanddornbeeren leuchten an silbernen Sträuchern und werden zu Köstlichkeiten wie Marmelade, Likör oder Saft verarbeitet. Zehntausende von Kranichen rasten mehrere Wochen im Nationalpark Vorpommersche Boddenlandschaft.
Vogelfreunden, die sich nicht an die Ferienzeiten halten müssen, empfehlen sich auch die Frühlingsmonate **März und April.** Für Radtouren an der Küste ist die Zeit der Rapsblüte zwischen **Mai und Juni** am schönsten.
Im **Winter** kann es an der Küste frostig werden – selten einmal aber schieben sich die Eisschollen übereinander. In dieser Jahreszeit (ausgenommen Weihnachten und Silvester) sind viele Betriebe geschlossen, die meisten Öffnungszeiten sind dann ebenfalls reduziert. Und das hat natürlich auch seine Vorteile: Die Bettenpreise sinken vielerorts bis um die Hälfte, in den Gaststuben dampfen die Groggläser (sehr lecker ist auch der heiße Sanddornsaft), die Einheimischen haben weniger zu tun und viel Zeit zum Klönen.

Nationalpark Vorpommersche Boddenlandschaft

Der mit einer Fläche von 805 km^2 größte Nationalpark an der deutschen Ostseeküste (und drittgrößte seiner Art in Deutschland) erstreckt sich von den Halbinseln Darß und Zingst über Hiddensee bis zur Westküste Rügens. Die Verwaltung des Nationalparkamtes Vorpommern befindet sich im Darßwald: Nationalparkamt Vorpommern: im Forst 5, 18375 Born, T 038234 50 20, www.nationalpark-vorpommersche-boddenlandschaft.de.

Den Nationalpark erleben statt stören

Nationalparks sind großflächige Gebiete mit besonders wertvoller, ursprünglicher Naturlandschaft, die in großen Teilen vom Menschen nicht oder wenig beeinflusst sind. In Nationalparks darf sich die Natur frei entfalten und nach eigenen Gesetzen entwickeln.
Um die Flora und Fauna zu schützen, dürfen einige Bereiche nicht betreten oder befahren werden.
Ohne die absolute Störungsfreiheit wäre die Erhaltung der großen Vogelrastplätze nicht möglich. Man sollte nur die ausgewiesenen Rad- und markierten Wanderwege nutzen. Hunde sind immer und überall anzuleinen. Nehmen Sie Ihre Abfälle wieder mit. Zelten/Übernachten ist im Nationalpark nicht gestattet.
Informationen vor Ort bieten die Informationsausstellungen des Nationalparks (Darßer Arche in Wieck, Informationsausstellung Sundische Wiese) sowie die Nationalparkwächter (Ranger) im Gelände.
Sehr empfehlenswert sind die kostenlosen **Rangerführungen** im Nationalpark (Spenden willkommen). Termine findet man auf www.nationalpark-vorpommersche-boddenlandschaft.de unter dem Stichwort ›Führungen‹.

Reisen mit Handicap

Infos: www.mvp.de/barrierefreier-urlaub-in-mecklenburg-vorpommern
Tourismusverband: Nützliche Informationen auf der Website mit Tipps und Adressen zu barrierefreien Übernachtungen, Strandzugängen, Wanderwegen und Ausstellungsorten.

Beliebte Märkte

Wenn die Tage wieder länger und wärmer werden, beginnt die **Marktsaison** (Mai–September). Auf den Märkten findet man alle regionalen Produkte und viele Spezialitäten aus biologischer Herstellung. Unbedingt vorbeischauen! Beliebte Märkte, nach Wochentagen sortiert:
Markt im Garten des Kulturkaten Kiek In in Prerow, Mo 9–13 Uhr
Hafen Dierhagen, Di, Fr 9–13 Uhr
Vor der Darßer Arche in Wieck, Mi, Sa 9–13 Uhr
Parkplatz Edeka in Ahrenshoop, Do 9–14 Uhr
Graal-Müritz Do 10–16 Uhr
Ribnitz-Damgarten Do 8–15 Uhr
Museumshof Zingst, Do 10–14 Uhr
Hafen Dierhagen, Fr 9–13 Uhr

http://www.fischland-darss-zingst.de/uebernachtungen/urlaub-fuer/barrierefreier-urlaub/

Sicherheit und Notfälle

Rettungsdienst/Feuerwehr: T 112
Polizei: T 110
Ärztlicher Bereitschaftsdienst: T 116 117
Krankenhaus: Bodden-Kliniken Ribnitz-Damgarten: T 03821 70 00
Pannenhilfe: ADAC T 01802 22 22 22
Kredit-, Bank- und Handy-SIM-Karten-Sperrnotruf: T 116 116
Botschaft Österreich: T 030 20 28 70
Botschaft Schweiz: T 030 390 40 00

Sport & Aktivitäten

Angeln

Wer in den Küstengewässern (einschließlich Bodden) angeln möchte, benötigt neben dem Fischereischein eine Angelerlaubnis. Es gibt keine freien Angelgewässer in Mecklenburg-Vorpommern! Touristen können einen Touristenfischereischein erwerben (das kostet 24 €, gültig für 28 Tage, aber verlängerbar). Genaue Auskünfte erhält man in den Kurverwaltungen und Tourist-Informationen vor Ort, im Internet unter www.lallf.de. Infos beim Landesanglerverband: www.lav-mv.de oder auch www.auf-nach-mv.de/touristenfischereischein
Was man fängt? In der Ostsee sind das vor allem Dorsch, Hering, Flunder, Meerforelle und Hornhecht. (Was viele nicht wissen: von den Seebrücken ist das Angeln nachts von 22 Uhr bis 6 Uhr morgens erlaubt!) Im Bodden fischt man hauptsächlich Zander, Hecht, Barsch, Weißfische und manchmal Aal. Am besten vom Boot aus, weil man wegen des breiten Schilfgürtels an vielen Stellen vom Ufer aus nicht ans Wasser herankommt.

Wassersport

Baden, Surfen, Kiten, Stand Up Paddling, Segeln und Paddeln: Für Wassersport ist die Halbinsel eine großartige Adresse, denn Ostsee und Bodden sind zwei ganz unterschiedliche Gewässer.
Baden: Am Bodden liegen kleine verschwiegene Badebuchten, an den offiziellen Badeplätzen hängt ein Rettungsring, Rettungsschwimmer sind nicht vor Ort. Von der DLRG bewacht sind dagegen die Badestrände am Ostseestrand – vom Strandkorb bis zum Imbiss und Rettungsteam ist hier alles vorhanden. Eine rot-gelbe Flagge am Mast der Wachstation bedeutet, dass die Station besetzt ist. Eine zusätzliche gelbe Flagge signalisiert ein Badeverbot für ungeübte Schwimmer und Kinder, eine einzelne rote Flagge generelles Badeverbot. Bei starkem Wind und hohem Wellengang sollte man auf das Schwimmen verzichten.
Segeln und Surfen: Die geschützten Boddengewässer bieten ideale Bedingungen für Anfänger. Das Wasser ist relativ flach, der Wellengang sanfter als in der Ostsee. Gut ausgestattete Segel- und Surfschulen gibt es in Wustrow (mit Caravanstellplatz und Beachbar) und Zingst (mit Wohnmobilstellplatz und Lala Surf Bar).

Radfahren und Wandern: Die beste Art, die Schönheiten der Halbinsel zu entdecken, ist mit dem Rad oder zu Fuß jenseits der befahrenen Autostraßen. Fahrradverleihe und Tourist-Informationen bieten Routenempfehlungen und Radwanderkarten an. Besonders empfehlenswert ist der Fischland-Darß-Zingst-Streckenabschnitt des **Ostseeküsten-Radwegs**, der auf einer Länge von 400 km zwischen Lübeck/ Travemünde und Ahlbeck auf Usedom dem Küstenverlauf folgt.
Weiß-Blau-Weiß markiert ist der **Ostseeküstenwanderweg E9.** Etappen sind: Graal-Müritz, Dierhagen, Wustrow, das Hochufer des Fischlandes, Ahrenshoop, der Darßwald, Prerow, Zingst und Barth. Stille Winkel und Buchten genießen Radfahrer und Wanderer entlang des **Boddenufers.** Wer von einem Regenschauer oder starkem Gegenwind überrascht wird, kann den Bus nutzen (s. u.). Auch Fahrgastschiffe nehmen in der Regel Fahrräder mit an Bord.

ÜBERNACHTEN

Die Auswahl an Unterkünften reicht vom Dünenzeltplatz bis zu familiengeführten Frühstückspensionen, von stilvollen Künstlerherbergen bis zum Luxusresort mit Balkon zum Meer und großzügigem SPA. Auch Ferienhäuser und -wohnungen gibt es in jeder Qualität und großer Zahl. Bei der Suche nach dem passenden Quartier helfen die Gastgeberverzeichnisse, die man über die Kurverwaltungen, die Touristen-Infos beziehen bzw. im Internet herunterladen kann. Die Preisangaben der Übernachtungstipps beziehen sich jeweils auf das günstigste Doppelzimmer mit Frühstück in der Hauptsaison. Für die Hochsaison sollte man lange im Voraus buchen. Denn dann kann es schwierig sein, noch kurzfristig ein Zimmer zu bekommen. Je weiter man von der Küste entfernt ist, desto niedriger sind die Preise. Wirkliche Schnäppchen gibt es meist nur im Winterhalbjahr. Außerhalb der Saison bieten viele Hotels sehr günstige Pauschalangebote, Infos auch unter: www.auf-nach-mv.de.

ÜBERNACHTUNGSPREISE

€ unter 120 Euro
€€ 120 bis180 Euro
€€€ über 180 Euro
Hauptsaison-Tarife für ein Doppelzimmer mit Frühstück oder eine Nacht in der FeWo für 2–4 Pers.

UNTERWEGS AUF FISCHLAND-DARSS-ZINGST

Stau auf der Bäderstraße und die ewige Parkplatzsuche (in der Saison) kosten **Autofahrer** Zeit und Nerven, ebenso die Bußzettel, die man wegen überschrittener Parkzeit kassiert, weil man sich nur schnell ein Fischbrötchen holen wollte. Die **Parkgebühren** in den Seebädern sind happig, gratis Plätze in Strandnähe gibt es nicht. In den Boddendörfern/Häfen (Wieck, Born) kann man dagegen 2,5/3 Stunden mit Parkscheibe umsonst parken. Also lieber doch mit Bussen der **Verkehrsgesellschaft Vorpommern-Rügen mbH (VVR)** fahren. Die Linie 210 führt von Ribnitz-Damgarten über Fischland-Darß-Zingst nach Barth, in der Saison werden sämtliche Orte der Halbinsel stündlich angefahren, außerhalb der Saison dagegen nur etwa alle 2 Std. Die VRR bedient auch den ländlichen Raum von Ribnitz-Damgarten bis nach Grimmen mit Linien nach Graal Müritz, Greifswald und Stralsund. Fahrpläne, Ausflugstipps und Aktuelles: www.vvr-bus.de
Gefühlt richtig Urlaub ist es aber sowieso nur, wenn man **zu Fuß und mit dem Rad** unterwegs ist! Fahrradverleihe und -werkstätten finden sich in allen größeren Orten. Es ist auch kein Problem das Rad mit in den Bus zu nehmen. Von Mai bis Oktober sind auf der Linie 210 die **RADzfatz-Busse** unterwegs, die bis zu zwölf Räder (außer E-Bikes) mitnehmen. Sie steuern gezielt Haltestellen an, die an ausgewiesenen Radwanderwegen liegen.

O-Ton Fischland-Darß-Zingst

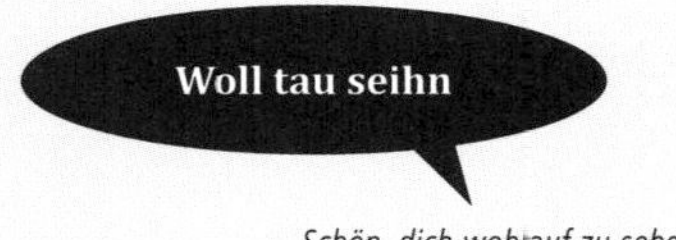

Schön, dich wohlauf zu sehen.

kommodig

angenehm, bequem

ISENBAHNER

Eisenbahner
Zugereister (per Zug)

Ein guter Happen
Lecker

Stinkbüdel

Stinkstiefel

Utkiek

Ausguck

Luftschnapper
Urlaubsgäste

för'n Schnaps 'n Schnaps un nah'n Schnaps, 'n Schnaps

Einer geht noch

Verbrettert

Holzverschalung

n lütten Snack

ein kleiner Schnack
Für einen kleinen Plausch sollte immer Zeit sein.

hier bün ick to Hus

Hier bin ich Zuhause.
Das ist meine Heimat.

Register

Das Klima im Blick

Reisen bereichert und verbindet Menschen und Kulturen. Wer reist, erzeugt auch CO_2. Der Flugverkehr trägt in erheblichem Maße zur globalen Erwärmung bei. Wer das Klima schützen will, sollte sich – wenn möglich – für eine schonendere Reiseform entscheiden oder die Projekte von atmosfair unterstützen. Flugpassagiere spenden einen kilometerabhängigen Beitrag für die von ihnen verursachten Emissionen und finanzieren damit Projekte in Entwicklungsländern, die dort den Ausstoß von Klimagasen verringern helfen (www.atmosfair.de). Auch die Mitarbeiter des DuMont Reiseverlags fliegen mit atmosfair!

obildungsnachweis
kel Attula, Ribnitz-Damgarten: S. 91, 97
audia Banck, Sukow: S. 18, 42, 55, 76, 102, 106
lwin Sternkiker, Ribnitz-Damgarten: S. 120/2
tolia, New York (USA): S. 37 (anneliese2013); Umschlagklappe vorn, 4 u. (greenpapillon);
88/89 (haiderose); 11 (kitchenkiss.de); 4 o. (ThomasSchwerdt); 83 (Tina)
ank Herrmann, Offenburg: S. 105
erd Wolff, Prerow: S. 120/9
uber-Images, Garmisch-Partenkirchen: Titelbild, Faltplan, 7, 30 (Reinhard Schmid)
ır- und Tourismus GmbH, Zingst: S. 120/1
if, Köln: S. 63 (Andreas Pein); S. 48/49 (Christian Kerber); 45 (Clemens Zahn); 60 (Dagmar
Schwelle); 67 (Frank Siemers); 53 (Gerhard Westrich); 17, 70 (Gregor Lengler); 74/75
(Jörg Modrow); 84 (Malte Jaeger); 40 (Toma Babovic); 29 (Zenit/Paul Langrock)
ok, München: S. 8/9 (Christoph Olesinski); 98 (Engel & Gielen); Umschlagklappe hinten
(Thomas Grundner)
auritius Images, Mittenwald : S. 68 (age fotostock/Gunter Kirsch); 20 (imageBroker/Franz
Christoph Robiller); 14/15 (Jean Schwarz); 51 (Rainer Mirau)
ul Schreyer, Rostock: S. 46
ter Adamik, Berlin: S. 120/5
cture-alliance, Frankfurt a. M.: S. 120/6 (akg-images); 120/7 (blickwinkel/D. u. M. Sheldon); 94 (dpa-Zentralbild/Bernd Wüstneck); 38, 101 (dpa-Zentralbild/Jens Büttner); 120/4
(dpa/Maurizio Gambarini); 81 (Hagen Hellwig)
bine Porsche, Wieck am Darß: S. 120/8
utterstock.com, Amsterdam (NL): S. 87 (aldorado); 27 (Alexander Weickart); 32 (LaMia-Fotografia); 22 (LaMiaFotografia); 73 (lcrms); 57 (penphoto)
ikimedia Commons: S. 120/3 (CC PD)
ichnungen: S. 5 (Antonia Selzer, St. Peter); 3 (Gerald Konopik, Mammendorf)

VG Bild-Kunst, Bonn 2024: S. 38 Seiltänzer, Installation von Hubertus von der Goltz
tat: Umschlagklappe hinten, Käthe Miethe, Das Fischland, Hinstorff Verlag GmbH, 2015,
Rostock, mit freundlicher Genehmigung von Hinstorff Verlag.

artografie: © KOMPASS-Karten GmbH, A-6020 Innsbruck; DuMont Reiseverlag, 73751 Ostfildern

nschlagfoto
telbild: der Weststrand am Darßer Wald bei Prerow
nschlagklappe vorn: Zeesboote auf dem Bodden

inweis: Autorin und Verlag haben alle Informationen mit größtmöglicher Sorgfalt
eprüft. Gleichwohl erfolgen alle Angaben ohne Gewähr. Bitte schreiben Sie uns!
ber Ihre Rückmeldung zum Buch und Verbesserungsvorschläge freuen sich Autorin
nd Verlag:
uMont Reiseverlag, Postfach 3151, 73751 Ostfildern,
fo@dumontreise.de, www.dumontreise.de

4., aktualisierte Auflage 2024

Autorin: Claudia Banck
Redaktion: Silke & Tobias Büscher, Marianne Bongartz
Bildredaktion: Nadja Gebhardt
Grafisches Konzept: Eggers+Diaper, Potsdam
Printed in Poland

Kennen Sie die?

9 von 9960 Menschen auf Fischland-Darß-Zingst

Max Hünten

Der Landschaftsmaler und Weltenbummler (1869–1936) hinterließ Zingst einen Schatz. In dem Ostseebad ist ein grandioses Haus für Fotografie nach ihm benannt.

Axel Attula

Der wissenschaftliche Leiter des Bernsteinmuseums schätzt nicht nur das Gold des Nordens, seine Ausstellungen erwecken auch ›Nonnenstaub‹ zum Leben.

Martha Müller-Grählert

»Wo die Ostseewellen trecken an den Strand«. Das Lied der vorpommerschen Heimatdichterin (1876–1939) ging um die Welt.

Joachim Gauck

In Wustrow hat der Jochen seine Wurzeln. Übrigens: Das Haus am Deich, in dem er als Kind gelebt hat, kann man mieten (www.hausamdeich-wustrow).

Lutz Gerlach

Der Musiker und Komponist verzaubert (solo und zu zweit) mit Ulrike Mai am Piano sein Publikum in Konzerten u.a. an der Steilküste bei Ahrenshoop.

Albert Einstein

»Was macht die Zeit, wenn sie verinnt?« fragte sich der Badegast, der in Ahrenshoop seinen Urlaub ohne Telefon und Zeitung genoss.

Grus Grus

Stolzer Gang, sechs Kilo Gewicht. Der Graue Kranich ist ein berühmter Übernachtungsgast auf dem Weg nach Süden.

Uta Löber

Die Keramikerin führt im Haus ihrer Großeltern in Althagen bereits in dritter Generation die hier entwickelte Fischlandkeramik weiter.

Gerd Wolff

Seine Führungen auf dem Darß waren berühmt. Das Credo des Naturführers aus Prerow: Die Natur ist ein Schatz, den man schätzen und schützen muss.